I0157159

تُلْبَسون قوة

استقبل حضور الروح القدس في حياتك

بقلم
ديريك برنس

تلبسون قوة

Originally published in English under the title
You Shall Receive Power
Receiving the Presence of the Holy Spirit into Your Life
ISBN 978-0-88368-785-7

Copyright © 1973, 2002 Derek Prince Ministries–International.
All rights reserved.

المــؤلـــف: ديريك برنس
النـــاشــر: المؤسسة الدولية للخدمات الاعلامية ت: +٢٠ ١٠٠ ٨٥٥ ٩٨٨٩
المطبعـــة: مطبعة سان مارك ت: +٢٠٢ ٢٣٤١٨٨٦١
التجهيـز الفنـــي: جي سي سنتر ت: +٢٠٢ ٢٦٣٧٣٦٨٦
الموقـع الالكتروني: www.dpmarabic.com
البريـد الالكتـرونـي: sales@dpmarabic.com
رقـــم الايـــداع: ٢٠٠٨ / ٢٥١٣٨
التـرقيـم الـدولـي: **977-6194-23-0**

جميع حقوق الطبع في النسخة العربية محفوظة © المؤسسة الدولية للخدمات الإعلامية
ولا يجوز استخدام أو اقتباس أي جزء أو رسومات توضيحية من الواردة في هذا الكتاب
بأي شكل من الأشكال إلا بإذن مسبق

Derek Prince Ministries–International
PO Box 19501
Charlotte, North Carolina 28219
USA
Translation is published by permission

Copyright © 2013 Derek Prince Ministries–International

www.derekprince.com

DPM

محتويات الكتاب

الجزء الأول
معمودية الروح القدس

الفصل الأول

جميعاً بروح واحد اعتمدنا

يتحدث الجميع عن معمودية الروح القدس، فقد سافرت ووعظت كثيراً في ثلاث قارات مختلفة، وفي كل مكان أذهب إليه أجد أنّ معمودية الروح القدس مَحَلّ اهتمام ومناقشة بل ربما تكون موضوعاً للجدل فيما بين المؤمنين حول العالم.

يشعر المؤمنون في بعض الأحيان أن الأمور الروحية هي إلى حَدٍّ كبير مسألة مشاعر، وبالتالي يعتقدون أنهم لن يكونوا في حاجة إلى ذكائهم. وهذا خطأ.

إذ أننا يجب أَنْ نولي اهتماماً بالغاً لتعاليم كلمة الله، فالمعلومات التي تقرأها هنا لن تفيدك كثيراً إن لم تقبلها بعقلك وكذلك مشاعرك.

وحدة الجسد

أَوّل آية أريد أن نلقي نظرة عليها هي في رسالة كورنثوس الأولى:

«لأَنَّنَا جَمِيعَنَا بِرُوحٍ وَاحِدٍ أَيْضًا اعْتَمَدْنَا إِلَى جَسَدٍ وَاحِدٍ،

يَهُودًا كُنَّا أَمْ يُونَانِيِّينَ، عَبِيدًا أَمْ أَحْرَارًا، وَجَمِيعُنَا سُقِينَا رُوحًا وَاحِدًا.» (**١كورنثوس ١٢ : ١٣**)

تحتاج تلك الآية إلى شيء من الإيضاح، فقد شعر كثيرون بمشكلة تجاه تلك الآية بسبب أهواء المترجمين وميولهم، وتتميز هذه الآية بتكرارها لكلمة «واحد» ثلاث مرات. وهي أقصر كلمة ولكنها في ذات الوقت أهم كلمة.

أن هــدف الله الأسمى من وراء منحنــا معمــودية الروح القــدس هــو وحــدة جســد المســيح.

لا يمكننا أن نقّدر جيداً تلك الآية إنْ لم ندرك أن تركيز الرسول بولس لم يكن مُنْصَبّاً بالأساس على عقيدةٍ ما بل على وحدة جسد المسيح، فقد استفاد هؤلاء الذين حَصَلوا على بركة المعمودية بالروح القدس على المستوى الشخصي من ذلك الاختبار، ولكن لابد أنْ نتذكر دائماً أن هدف الله الأسمى من وراء منحنا معمودية الروح القدس هو وحدة جسد المسيح، في كثير من الأحيان لا نركّز على التسلسل الذي يقصده الله في التعليم والإعلان لأننا نَحِيد عن المبدأ الأساسي المتعلق بالمعمودية بالروح القدس.

كنت معلماً لليونانية في جامعة كمبريدج، ودرست اليونانية منذ كنت في العاشرة من عمري، من هذا المنظور فإنني أتجاسر أن أقول إني أعرف ما أتحدث عنه، ولا أشك أن بعض القراء يعرفون اللغة اليونانية ويمكنهم الرجوع لأي ترجمة حرفية أو تفسير ليتحققوا من حقيقة تعديل الترجمة التي أنا مزمع أن أضعها، ولا أطلب منك قبول التعديل البسيط بسبب خلفيتي التعليمية، بل بالحري أطلب منك أن تتحقق من الأمر لنفسك.

يمكنني القول إن (١ كورنثوس ١٢ : ١٣) يمكن أن تكون أكثر دقة لو أنها تُرجمت بهذه الطريقة: «لأننا في روح واحد اعتمدنا في جسد واحد... وسقينا جميعاً روحاً واحداً». أولاً أن حرف الجر المستخدم في اللغة اليونانية يعني «في» وليس «بـ»، حيث نجد أن كثير من التفسيرات القائمة على تلك الآية تعتمد على حرف «بـ» وهو أمر مؤسف قليلاً.

وفيما يتعلق بالفعل اليوناني «Baptizo»، والذي يعني «يُعَمِّد» لا يوجد سوى حرفي جر فقط يمكن أن يتبعاه في العهد الجديد اليوناني، أحدهما هو «en»، والذي يعني «في»، والآخر هو «eis» والذي يعني «إلى / لـ / نحو»، ولم يتبع هذا الفعل أيٌّ من حروف الجر الأخرَى في العهد الجديد.

تقول الآية : «**في روح واحد اعتمدنا**» ، والفعل «**اعتمد**» في زمن الماضي - وليس في زمن الماضي التام - يدل علي حدث واحد وَقَع في لحظة معينة في خبرتنا الماضية، فلا تقول الآية : «**قد اعتمدنا**» بل تقول : «**اعتمدنا**» .

معنى «اعتمدنا فى»

حتي يمكننا أن نقدر معنى الآيات تقديراً تاماً ، يجب أن نفكر في بعض المقاطع الكتابية الموازية في العهد الجديد وبصفة خاصة فيما يتعلق باستخدام الكلمات : «معمودية لـ» التي هي غريبة إلي حد ما ، فكثيراً ما تقابلت مع أشخاص يقولون إنه طبقاً لما تقوله تلك الآيات وإن لم تعتمد بالروح القدس فأنت لست عضواً في جسد المسيح وذلك لإظهار قوة هذه الآية. وأعتقد أن هذا شئ يصعب قوله ، فأنا أحترم أمانة هؤلاء الذين يقولون تلك الكلمات ولكني أعتقد أنَّ بها خطأ فادحاً وجوهريّاً .

ولـذلـك قبـل أن أسـتفيض أكـثر أودُّ أن أوضـح معـنى (١كورنثوس ١٢ : ١٣) وذلك بالرجوع إلى أربعة أجزاء أخرى في العهد الجديد حيث يستخدم تعبير «اعتمدنا لـ» ، وبعدما تلقي نظرة على تلك المقاطع أعتقد أنك ستتفق معي بشأن أن كل حالة استخدم فيها الكتاب المقدس تعبير «اعتمدنا لـ» فإنّ الشخص الذي اعتمد بالفعل هو «في» أي يعيش تلك الحالة التي «اعتمد لها» .

اعتمدنا للتوبة

أول مكان يُستخدم فيه هذا التعبير هو في (متى ٣ : ١١) «**أَنَا أُعَمِّدُكُمْ بِمَاءٍ لِلتَّوْبَةِ**»، وهي حرفياً «للتوبة». هل هذا يعني أنَّ الناس الذين عمدهم يوحنا لم يتوبوا من قبل أو لم يكونوا في حالة من التوبة؟ بالتأكيد لا. ويتضّح هذا أكثر لو أنك ألقيت نظرة على الآيتين اللّتين تسبقان هذه الآية:

«**فَلَمَّا رَأَى كَثِيرِينَ مِنَ الْفَرِّيسِيِّينَ وَالصَّدُّوقِيِّينَ يَأْتُونَ إِلَى مَعْمُودِيَّتِه، قَالَ لَهُمْ: يَا أَوْلاَدَ الأَفَاعِي، مَنْ أَرَاكُمْ أَنْ تَهْرُبُوا مِنَ الْغَضَبِ الآتِي؟ فَاصْنَعُوا أَثْمَارًا تَلِيقُ بِالتَّوْبَةِ.**» (متى ٣: ٧ – ٨).

بمعنى آخر يقول يوحنا المعمدان: «أَظْهِروا من خلال حياتكم أنكم تُبْتُم وبعدها سأفكر في مسألة معموديتكم»

من الواضح تماماً أن يوحنا المعمدان عَمَّد الناس الذين اعتقد أنهم تابوا بالفعل، وقد كانت معموديته لهم دليل خارجي على اعترافه بتوبتهم، ولو أنه اعتقد أنهم لم يتوبوا، لما عَمَّدهم.

معمودية لغفران الخطايا

ثم نجد إجابة الرسول بطرس على سؤال الجموع الذين بكتّهم الروح القدس بعد انسكاب الروح القدس عليهم في يوم الخمسين:

«فَلَمَّا سَمِعُوا نُخِسُوا فِي قُلُوبِهِمْ، وَقَالُوا لِبُطْرُسَ وَلِسَائِرِ الرُّسُلِ: «مَاذَا نَصْنَعُ أَيُّهَا الرِّجَالُ الإِخْوَةُ؟» فَقَالَ لَهُمْ بُطْرُسُ: تُوبُوا وَلْيَعْتَمِدْ كُلُّ وَاحِدٍ مِنْكُمْ عَلَى اسْمِ يَسُوعَ الْمَسِيحِ لِغُفْرَانِ الْخَطَايَا، فَتَقْبَلُوا عَطِيَّةَ الرُّوحِ الْقُدُسِ.» (أعمال ٢: ٣٧ – ٣٨).

وعبارة «ليعتمد... لغفران الخطايا» في اليونانية تعني حرفيا «ليعتمد.... لغفران الخطايا»، فهل هذا يعني أن خطاياهم لم تُغفر قبل أن يعتمدوا؟ لا، إذ أن هذا يتناقض مع كل تعليم العهد الجديد.

فقد غُفرت خطاياهم عندما تابوا وآمنوا بيسوع المسيح، ثم اعتمدوا كشهادة خارجية على أن الرسل اعترفوا بأنهم قد أوفوا كل الشروط. ومرة أخرى كانوا بالفعل «في» أي يعيشون الحالة التي اعتمدوا لها.

معمودية للمسيح

ثالثاً: انظر إلى ما يلي من الرسالة إلى غلاطية

«إِذًا قَدْ كَانَ النَّامُوسُ مُؤَدِّبَنَا إِلَى الْمَسِيحِ، لِكَيْ نَتَبَرَّرَ بِالإِيمَانِ. وَلكِنْ بَعْدَ مَا جَاءَ الإِيمَانُ، لَسْنَا بَعْدُ تَحْتَ مُؤَدِّبٍ. لأَنَّكُمْ جَمِيعًا أَبْنَاءُ اللهِ بِالإِيمَانِ بِالْمَسِيحِ يَسُوعَ. لأَنَّ كُلَّكُمُ الَّذِينَ اعْتَمَدْتُمْ بِالْمَسِيحِ فِي الأصل اليوناني إلي المسيح لَبِسْتُمُ الْمَسِيحَ:» (غلاطية ٣: ٢٤ – ٢٧).

لاحظ مرة أخرى أن الترتيب واضح وحاسم، ففي آية ٢٦ نرى أن **هناك حالة واحدة فقط يمكن أن تجعل الشخص ابناً لله، وهي الإيمان المخْلِص بيسوع المسيح، وأي تعليم عكس هذا هو تعليم زائف وخاطىء.** في (يوحنا ٦ : ٤٧) قال يسوع: «**اَلْحَقَّ الْحَقَّ أَقُولُ لَكُمْ: مَنْ يُؤْمِنُ بِي فَلَهُ حَيَاةٌ أَبَدِيَّةٌ.**»، ويمكن ترجمة أكثر هذا المقطع بشكل أكثر دقة: «**من يؤمن فيَّ فله حياة أبدية**» وهذا هو التعليم الذي نادى به لوثر وهو التبرير بالإيمان فقط، فليس مطلوباً من المرء شيء سوى الإيمان الفعّال بيسوع المسيح لكي يصبح ابناً لله.

يواصل بولس كلامه قائلاً: «**لأَنَّ كُلَّكُمُ الَّذِينَ اعْتَمَدْتُمْ بِالْمَسِيحِ** [الترجمة الأدق هي للمسيح] **قَدْ لَبِسْتُمُ الْمَسِيحَ**» **(غلاطية ٣: ٢٧)** لاحظ أنهم كانوا في المسيح بالفعل، ثم اعتمدوا للمسيح كاعتراف أنهم كانوا في المسيح.

المعمودية لموت المسيح

في النهاية، نقرأ ما يلي في الإصحاح السادس من رسالة رومية:

«**حَاشَا! نَحْنُ الَّذِينَ مُتْنَا عَنِ الْخَطِيَّةِ، كَيْفَ نَعِيشُ بَعْدُ فِيهَا؟ أَمْ تَجْهَلُونَ أَنَّنَا كُلَّ مَنِ اعْتَمَدَ لِيَسُوعَ الْمَسِيحِ اعْتَمَدْنَا لِمَوْتِهِ، فَدُفِنَّا مَعَهُ بِالْمَعْمُودِيَّةِ لِلْمَوْتِ، حَتَّى كَمَا أُقِيمَ الْمَسِيحُ مِنَ الأَمْوَاتِ، بِمَجْدِ الآبِ، هكَذَا نَسْلُكُ نَحْنُ أَيْضًا فِي جِدَّةِ الْحَيَاةِ؟**» **(رومية ٦: ٢ - ٤)**

في هذا الجزء، نجد عبارة «اعتمد لـ» مستخدمة لتشير إلى الاعتماد لموت يسوع المسيح، ومن هذا المنطلق تحدث بولس عن المعمودية كَدَفْنٍ عندما قال **«فَدُفِنَّا مَعَهُ بِالْمَعْمُودِيَّةِ لِلْمَوْتِ»**.

يجب أن يكون واضحاً تماماً أننا لا ندْفِن شخصاً لكي نجعله ميتاً، فهذه فكرة مزعجة للغاية! في الواقع إنّ دفننا لشخص يمثل اعترافاً بأنّ الشخص ميت بالفعل، **وهكذا فإنّ المعمودية لموت المسيح لا تجعل الشخص المعتمد ميتاً عن الخطية، ولكنها اعتراف علني بأن حالة الموت هذه قد وجدت بالفعل في هذا الشخص من خلال الإيمان بموت المسيح وقيامته.**

بهذا رأينا نفس الدرس أربع مرات، وفي كلّ من هذه الحالات نعتقد أننا وجدنا أن معنى اعتماد المرء لأي حالة هو اعتراف علني بأن الشخص هو بالفعل «في» أي يعيش هذه الحالة. ففي كل الحالات الأربع التي ذكرناها يوضح السياق والنص هذا الأمر تماماً.

المعمودية تعني الاعتراف بالانضمام إلى جسد المسيح وتعزز الوحدة في الجسد.

مرة أخرى نقرأ من رسالة بولس الأولى إلى كنيسة كورنثوس

«لأَنَّنَا جَمِيعَنَا بِرُوحٍ وَاحِدٍ أَيْضًا اعْتَمَدْنَا إِلَى جَسَدٍ وَاحِدٍ، يَهُودًا

كُنَّا أَمْ يُونَانِيِّينَ، عَبِيدًا أَمْ أَحْرَارًا، وَجَمِيعُنَا سُقِينَا رُوحًا وَاحِدًا» (١كورنثوس ١٢: ١٣).

يمكننا أن نرى الآن معنى هذا الجزء في ضوئه الحقيقي، فنحن بالفعل في الجسد، وتعترف المعمودية في الروح القدس بهذا بل وتجعل عضويتنا في الجسد أمراً علنياً أكثر، وتجعل خدمتنا في الجسد أكثر تأثيراً، فبمعمودية الروح القدس يمكننا جميعاً أن «نعتمد لـ» وحدة الجسد، وهذا هو الهدف من المعمودية في الروح، فنحن بالفعل في الجسد تماماً مثلما كان هؤلاء الذين عمدهم يوحنا بالفعل في حالة التوبة، وكما كان هؤلاء الذين في يوم الخمسين بالفعل قد غفرت خطاياهم، ومثلما كان الناس الذين تشير لهم رسالة غلاطية «في المسيح»، وكما كان هؤلاء المذكورون في رسالة رومية بالفعل أمواتاً عن الخطية قبل أن يدفنوا بالمعمودية لموت المسيح.

هكذا، فنحن بالفعل في جسد المسيح، ولكن المعمودية في الروح القدس هي خاتم خارق للطبيعة يُعطَى لكل مؤمن على انفراد ويعترف به يسوع المسيح كعضو وجزء في جسده.

المسيح فقط هو الذي يمكن أن يمنح الخاتم الخارق للطبيعة للمعمودية بالروح القدس

فالمسيح فقط هو الذي يمكن أن يمنح هذا الخاتم الخارق للطبيعة، اعتمد كثيرٌ من الناس في الماء ولكن يوحنا قال: «فَهذَا هُوَ الَّذِي يُعَمِّدُ بِالرُّوحِ الْقُدُسِ» (يوحنا ١: ٣٣)، لا يوجد أي شخص آخر في كل الكتاب المقدس أُعطي هذا الامتياز سوى يسوع المسيح والذي بهذا يعترف بعضوية الشخص في جسده، ويضع الخاتم الإلهى على المؤمن الذي يقبله.

تذكر دائماً أن الهدف الأساسي من معمودية الروح القدس هو وحدة جسد المسيح، وهذا يتحقق من خلال أن نجعل الأعضاء في الجسد وكلاء فعالين بحيث يأتون بالوحدة لا بالانقسام للجسد.

الفصل الثاني
طبيعة الإختبار

دعونا الآن نفكر في طبيعة اختبار المعمودية كما يصفه الكتاب المقدس لا كما يتحدث عنه البعض في شهاداتهم.

عندما كنت أعظ في كوبنهاجن، أتى لي شاب وقال لي: «لقد تكلمت بألسنة، وقد حدث هذا عندما كنت بمفردي، فهل تعتقد أنني قد اعتمدت بالروح القدس؟».

قلت: «نعم، أعتقد هذا، ولا أرى أن هناك حاجة لأى دليل آخر إن كنت تتكلم بألسنة كما يعطيك الروح أن تنطق».

فقال: «حسناً، ولكن عندما اسمع الآخرين يتحدثون عن هذا الاختبار، أجدهم دائماً يتكلمون عن مشاعر رائعة يشعرون بها وعن فرح وسلام، ولكني لا أشعر بأي مشاعر مميزة».

أجبت: «لا تسمح لنفسك أن تَضِلَّ بسبب شهادات الناس، فعندما يتكلم الكتاب المقدس عن معمودية الروح القدس، لا يشير في أي مرة لأي نوع من أنواع المشاعر على الإطلاق».

بالطبع إنها غريزة طبيعية في البشر أن يوضحوا الأسلوب الذي أثر به هذا الاختبار عليهم، ولو حدث أن مشاعرنا كانت متحفزة للغاية فإن هذا هو ما سنركز عليه، ولكن ليس هذا ما يركز عليه الكتاب المقدس، فيمكنك أن تتفحص بنفسك لترى أنه لا توجد أي إشارة تخصُّ المشاعر تختلف في الأجزاء التي تتحدث عن معمودية الروح القدس».

المعمـوديـة بـالـروح القـدس
غمـر يأتي مـن فــوق .

ولكن هذا لا يعني أن تقفز لكي تصل بنفسك إلى نتيجة خاطئة، فأنا لا أجادل بشأن المشاعر ولست ضدها، لأن المشاعر جزء من التكوين الإنساني، ولو لم تتغير مشاعر الشخص فمعنى ذلك أنه لم يعرف الرب بالكامل، بالتأكيد أؤمن أنه يجب أن تتغير مشاعرنا، فيجب أن تكون جزءاً من اختبارنا المسيحي بالكامل، ولكن المشاعر ليست هي الأساس عند الإشارة إلى الروح القدس .

بماذا يخبرنا الكتاب المقدس عن قبول الروح القدس . أعتقد أن الكتاب المقدس يستخدم شكلين أو صورتين من الكلمات، أولاً

نقرأ عن المعمودية. في العهد الجديد تستخدم هذه الكلمة مقرونة بالروح القدس سبع مرات، وهو رقم كبير، والكلمة الأخرى المستخدمة هي «شرب أو سقى» فلو أننا وضعنا هاتين الصورتين معاً، ستتشكل صورة كاملة من الكتاب المقدس عن اختبار المعمودية بالروح القدس.

معمـوديـة

المعمودية هي غمر، وهذا الغمر يأتي من فوق.

لا أود أن أكون مجادلاً ولكني قضيت يوماً كاملاً بين مكتبات جامعة كمبريدج أبحث في تاريخ كلمة «يعمد»، وتتبعتها من القرن الخامس قبل المسيح حتى القرن الثاني بعد مجيء المسيح، ولم يتغير تعريف الكلمة، فهي دائماً تعني «يغمر».

لا نتحدث هنا عن معمودية الماء ولكن معمودية الروح القدس، أي حلول روح الله من فوق على المؤمن، لكي يغمره بجو السماء، وهذا جانب من الاختبار، فنقرأ في سفر الأعمال:

«وَلَمَّا حَضَرَ يَوْمُ الْخَمْسِينَ كَانَ الْجَمِيعُ (التلاميذ ومن يتبعون يسوع) مَعًا بِنَفْسٍ وَاحِدَةٍ، وَصَارَ بَغْتَةً مِنَ السَّمَاءِ صَوْتٌ كَمَا مِنْ هُبُوبِ رِيحٍ عَاصِفَةٍ وَمَلأَ كُلَّ الْبَيْتِ حَيْثُ كَانُوا جَالِسِينَ» (أعمال ٢: ١، ٢).

كان الجو كله حول المؤمنين ممتلئاً بالروح القدس، وقد غُمروا من فوق بقوة خارقة للطبيعة وبحضور الله الخارق للطبيعة.

دعونا ننتقل لحدث آخر....

«وَلَمَّا سَمِعَ الرُّسُلُ الَّذِينَ فِي أُورُشَلِيمَ أَنَّ السَّامِرَةَ قَدْ قَبِلَتْ كَلِمَةَ اللهِ، أَرْسَلُوا إِلَيْهِمْ بُطْرُسَ وَيُوحَنَّا، اللَّذَيْنِ لَمَّا نَزَلاَ صَلَّيَا لأَجْلِهِمْ لِكَيْ يَقْبَلُوا الرُّوحَ الْقُدُسَ، لأَنَّهُ لَمْ يَكُنْ قَدْ حَلَّ بَعْدُ عَلَى أَحَدٍ مِنْهُمْ، غَيْرَ أَنَّهُمْ كَانُوا مُعْتَمِدِينَ بِاسْمِ الرَّبِّ يَسُوعَ. حِينَئِذٍ وَضَعَا الأَيَادِيَ عَلَيْهِمْ فَقَبِلُوا الرُّوحَ الْقُدُسَ.» (أعمال ٨: ١٤ – ١٧).

لاحظ هذه العبارة: **«لأَنَّهُ لَمْ يَكُنْ قَدْ حَلَّ بَعْدُ عَلَى أَحَدٍ مِنْهُمْ»** تزامن قبول أهل السامرة للروح القدس مع حلول الروح القدس عليهم من فوق.

ثم نجد في الإصحاح العاشر من سفر أعمال الرسل بطرس يبشر كرنيليوس بالإنجيل وهو قائد مائة روماني يخاف الله، مع بعض أقربائه وأصدقائه المقربين فنقرأ:

«فَبَيْنَمَا بُطْرُسُ يَتَكَلَّمُ بِهذِهِ الأُمُورِ حَلَّ الرُّوحُ الْقُدُسُ عَلَى جَمِيعِ الَّذِينَ كَانُوا يَسْمَعُونَ الْكَلِمَةَ. فَانْدَهَشَ الْمُؤْمِنُونَ الَّذِينَ مِنْ أَهْلِ الْخِتَانِ، كُلُّ مَنْ جَاءَ مَعَ بُطْرُسَ، لأَنَّ مَوْهِبَةَ الرُّوحِ الْقُدُسِ قَدِ

انْسَكَبَتْ عَلَى الأُمَمِ أَيْضًا. لأَنَّهُمْ كَانُوا يَسْمَعُونَهُمْ يَتَكَلَّمُونَ بِأَلْسِنَةٍ وَيُعَظِّمُونَ اللّٰهَ.» (أعمال ١٠ : ٤٤ – ٤٦).

روح اللـه يحـــل مـن فـوق علـى المؤمـن ويغلفـه بجـو السـماء

لاحظ أن الروح القـدس «حـل»، و«انسكب» عليهـم، تصف تلك العبارات سكيباً يأتي من فوق، ويستخدم الروح القدس نفس المصطلحات الوصفية بطريقة متّسقة.

تحدث بطرس عن هذا الغمر لزملائه في أورشليم الذين دعوه لكي يقدم تفسيراً لسلوكه غير المألوف بذهابه إلى الأمم وتبشيرهم، فأخبرهم بما معناه: «حسناً، ماذا كنت لأفعل؟ ففيما أنا أتكلم حلّ الروح القدس عليهم كما حلّ علينا في البدء، فَمَنْ أنا حتى يمكنني أن أقاوم اللّه؟ إذ أعطاهم نفس الموهبة التي انسكبت علينا».

هكذا، فإن كل تلك المصطلحات مرتبطة معاً، المعمودية وحلول الروح وقبول الروح وموهبة الروح، فهي ببساطة أساليب مختلفة لوصف شئ واحد ولوصف نفس الاختبار.

ونجد مناسبة مشابهة لهذا في سفر الأعمال الإصحاح ١٩ حيث شرح بولس الإنجيل للتلاميذ في أفسس:

«فَلَمَّا سَمِعُوا اعْتَمَدُوا بِاسْمِ الرَّبِّ يَسُوعَ. وَلَمَّا وَضَعَ بُولُسُ يَدَيْهِ عَلَيْهِمْ حَلَّ الرُّوحُ الْقُدُسُ عَلَيْهِمْ، فَطَفِقُوا يَتَكَلَّمُونَ بِلُغَاتٍ وَيَتَنَبَّأُونَ.» (أعمال ١٩ : ٥ – ٦).

لاحظ عبارة «**حل الروح القدس عليهم**»، يمكنك أن تجد نفس الصورة موصوفة في مكان آخر، لأني لم أتطرّق إلى كل الإشارات، ولكني سعيت إلى تبرير هذه الصورة على أنها الجانب الأساسي من الاختبار، فمعمودية الروح القدس هي عبارة عن حلول خارق للطبيعة للروح القدس على المؤمن ليغمره لا في الماء بل في «**شكينة**» «Shekinah» **مجد حضور الله**.

عند هذه المرحلة، أتخيل أن هناك بعض الناس يقولون: «إنْ سفر أعمال الرسل هو مجرد سفر تاريخي، فلا يمكننا أن نستقي منه تعاليم عن معموديةٍ بالروح القدس» ولكن الرسول بولس يعلمنا:

«كُلُّ الْكِتَابِ هُوَ مُوحًى بِهِ مِنَ اللهِ، وَنَافِعٌ لِلتَّعْلِيمِ وَالتَّوْبِيخِ، لِلتَّقْوِيمِ وَالتَّأْدِيبِ الَّذِي فِي الْبِرِّ». (٢ تيموثاوس ٣ : ١٦).

«**كل الكتاب.... نافع للتعليم**»، وبما أنّ سفر أعمال الرسل جزء من الكتاب المقدس، إذن فهو نافع للتعليم، يقدم الكتاب المقدس التعاليم بأحد أسلوبين إما كعرض أو كوصايا وإما كسردٍ لاختبارات أو أحداث وعندما نجمع ما بين الاثنين نجد أن الأحداث والروايات

تتلاقى، عندها يكون لدينا فكرة واضحة عما يتحدث عنه الكتاب المقدس لأنّ لدينا كل المعلومات.

هذا المبدأ يماثل فكرة «لعبة اللُّغْز المتشابكة المعقدة» التي عليك أن تجمعها معاً مع وجود جزء واحد مفقود، وعندما تجد هذا الجزء فأنه يناسب تماماً مكانه وعندها يمكن أن تضغط عليه وتضعه في مكانه، هكذا الأمر أيضاً مع معمودية الروح القدس، فالتعاليم والاختبارات والأحداث التي يصفها سفر الأعمال جميعها تتلاقى معاً وعندما تجدها متوافقة من كل زاوية تعلم أنك حققت الهدف.

شرب ـ سقى (أخذتم)

إن المعمودية ليست مجرد شيء يحل علينا ولكنها أيضاً شيء نقبله، قال بولس في

(١ كورنثوس ١٢ : ١٣) أنه «وَجَمِيعُنَا سُقِينَا رُوحًا وَاحِدًا.»، وهذا يتوافق تماماً مع كلمات يسوع في إنجيل يوحنا:

«وَفِي الْيَوْمِ الأَخِيرِ الْعَظِيمِ مِنَ الْعِيدِ وَقَفَ يَسُوعُ وَنَادَى قَائِلاً: «إِنْ عَطِشَ أَحَدٌ فَلْيُقْبِلْ إِلَيَّ وَيَشْرَبْ. مَنْ آمَنَ بِي، كَمَا قَالَ الْكِتَابُ، تَجْرِي مِنْ بَطْنِهِ أَنْهَارُ مَاءٍ حَيٍّ». قَالَ هذَا عَنِ الرُّوحِ الَّذِي كَانَ الْمُؤْمِنُونَ بِهِ مُزْمِعِينَ أَنْ يَقْبَلُوهُ، لأَنَّ الرُّوحَ الْقُدُسَ لَمْ يَكُنْ قَدْ أُعْطِيَ بَعْدُ، لأَنَّ يَسُوعَ لَمْ يَكُنْ قَدْ مُجِّدَ بَعْدُ.» (يوحنا ٧ : ٣٧ ـ ٣٩).

يشير يسوع إلى عطية الروح القدس لمن يؤمن، ويقارن قبول هذه العطية بمن يشرب، حيث قال: «إِنْ عَطِشَ أَحَدٌ....» والتي تعني: «إن كان هناك من يتوق في قلبه»، ثم قال: «فَلْيُقْبِلْ إِلَيَّ وَيَشْرَبْ» وكأنه يقول: «ليقبل الروح القدس فيه».

تجـري

عند هذه المرحلة تحدث معجزة عظيمة لأن الشخص العطشان أصبح نبعاً للماء الحي، فبعدما كان لا يجد ما يكفيه أصبح مصدراً وقناة لكي يَمُدَّ كثيرين، إن التعامل مع الآخرين هو أحد أهداف المعمودية بالروح القدس، ربما كان لديك الكثير الذي يجعلك تذهب إلى السماء، ولكنه ليس لديك ما يكفي للعالم المحتاج، فأنت بحاجة إلى أنهار تتدفق في حياتك.

> يصبح المؤمنـون الذين اعتمدوا بالروح القدس قنوات لأنهار الماء الحي

عندما خدمت كمرسل في شرق أفريقيا، قابلت أنواعاً مختلفة من الناس، أفريقيين لم يتلقوا أي تعليم ولم تكن لهم أي مكانة اجتماعية وأفريقيـين متعلمين، وآسـيويين هندوساً، وآسـيويين مسلمين، والبيض الذين كانوا يرون أنفسهم في كثير من الأحيان

أفضل من الآخرين، وعندما تعاملت مع كل هؤلاء الناس قلت كما قال بولس في (٢كورنثوس ٢: ١٦) **«وَمَنْ هُوَ كُفْوءٌ لِهذِهِ الأُمُورِ؟»** من الذي يمكنه أن يتعامل مع رجال القبائل العراة أو مع الأوربي في منزله الفخم؟ كيف يمكن أن نتقابل فعلاً مع الناس؟ يذكرني الله بـ (يوحنا ٧: ٣٨) **«مَنْ آمَنَ بِي، كَمَا قَالَ الْكِتَابُ، تَجْرِي مِنْ بَطْنِهِ** [ليس مجرد نهر ماء حي بل] **أَنْهَارُ مَاءٍ حَيٍّ»** تلك الأنهار كافية للجميع.

إن تَدَفُّقَ المعمودية يجعل الأمر منطقياً للغاية، كتبت مقالة خاصة بطريقة منطقية عن العبادة ومنذ أن عرفت الرب يسوع وقبلته وأنا أفرح جداً بالكتاب المقدس وأراه أكثر الكتب منطقيةً في العالم، فمنطقيته لا تنتهي، ولا يوجد فيه أى خطأ، يخبرنا (متى ١٢: ٣٤) **«فَإِنَّهُ مِنْ فَضْلَةِ الْقَلْبِ يَتَكَلَّمُ الْفَمُ.»** فعندما يمتلئ القلب للغاية لدرجة أنه لا يمكن أن يمسك بما فيه فإلى أين يتدفق؟ إلى الفم.

معمودية الروح القدس هي امتلاء خارق للطبيعة وتدفق خارق للطبيعة

إن المعمودية بالروح القدس هي امتلاء خارق للطبيعة وهي تدفق خارق للطبيعة، كيف تعرف أن الوعاء امتلأ؟ عندما يبدأ في

التدفق، لا يمكنني أن أرى ما بداخل قلبك وروحك ولا يمكنك أن ترى ما بداخلي، ولكن عندما نرى ونسمع صوت التدفق نعرف أنه هناك امتلاء.

يوجد اليوم بالفعل آلألاف من الناس الذين يعتمدون بالروح القدس كما أوضحت من الكتاب المقدس، واختبار المعمودية واضح ومنطقيّ وكتابيّ وعمليّ، فإن لم يكن عمليّاً فلا يمكن أن يكون كتابيّاً، مرة أخرى فإنه عندما نرى أتفاق التعليم مع الأحداث الكتابية والاختبارات الشخصية نكتشف الطبيعة الحقيقية للمعمودية.

الفصل الثالث

تحذيرات عند الاقتراب من المعمودية

بالنظر إلى كل ما ناقشناه حتى الآن، أود أن ألقي عليك بعض المياه الباردة عند هذه المرحلة، **فأنا لا أوصي أن تسعى لمعمودية الروح القدس أو غيرها من الاختبارات الروحية إلا إن كنت بالفعل شغوفاً للغاية فيما لله، وإلا فيجب أن تبتعد عن هذا الأمر لأن دينونتك ستكون عظيمة ومشكلاتك ستكون كبيرة للغاية**، فمعمودية الروح القدس ليست نزهة مثيرة يرتبها قسم مدارس الأحد، فنحن نُعَرّض أنفسنا لخطرٍ كبير إن لم نقترب للمعمودية بالطريقة السليمة وإن لم نربطها فعلياً بالجوانب الأخرى من اختبارنا الروحي.

بكل اتضاع أريدك أن تعرف أنيّ قد اختبرت المعمودية وعشت فيها بطريقة جيدة لأكثر من أربعين عاماً، وفي هذا الوقت رأيت الحطام الناتج عن الفشل في ربط معمودية الروح القدس بسائر الحياة المسيحية والاختبارات والشهادة، دعني أقدم لك باختصار بعضاً من الكلمات والتحذيرات.

المعمودية ليست بالقوة

أولاً: وقبل كل شيء فإنّ الروح القدس ليس بديكتاتور، ولكنه معزينا ومعلمنا، فهو لا يفرض عليك أموراً معينة، فالشخص الذي يشوش اجتماعاً ثم يقول: «لم أستطع أن أتحكم في الأمر، فالروح القدس هو الذي جعلني أفعل هذا»، هو شخص لديه صورة خاطئة عن الروح القدس لأن الروح القدس ليس بديكتاتور، فلو أنّ روحاً أتى على حياتك وأجبرك على فعل أشياء بعينها، فلابد أنه روحُ خطأ.

> تتطلب المعمودية حياة من الخضوع المستمر والانتظار المستمر لله

ولن تحصل على المزيد من الروح القدس إن لم تكن لديك الرغبة في الاستسلام له، بعض الناس ممّن يقبلون المعمودية بالروح القدس، لا يحصلون إلا على القليل جداً من الفوائد التي يمكن التمتع بها نتيجة لتلك المعمودية لأنهم لم يعودوا يرغبون في أن يقودهم الروح القدس، ويرشدهم ويوجههم ويتحكم فيهم، فهو لا يجبر أي شخص على القيام بما هو عكس إرادته، فالمعمودية تتطلب حياة من الخضوع المستمر والانتظار المستمر لله، قال

أحدهم: «إن الامتلاء بالروح القدس أسهل من أن تظل ممتلئاً بالروح القدس»، وهذا القول يحمل الكثير من الحق.

المعمودية ليست بديلاً

ثانياً: إن معمودية الروح القدس ليست بديلاً عن أي شئ آخر يعطينا الله إياه، فالله لم يعطنا اختباراً واحداً ليغطّي كل شيء.

المعمـــودية ليســت بــديــلاً عـــن
أي شـئ آخـر يعطينـا أيـاه اللـه

على سبيل المثال نقرأ عن سلاح المؤمن في الإصحاح السادس من الرسالة إلى أفسس، فلو أنك حملت كل قطع السلاح الست، فأنت بهذا مُغطىً من أعلى رأسك إلى أخمص قدميك، ولكن لو نزعت عنك إحدى هذه القطع الست فأنت بهذا لم تعد محمياً بالكامل. افترض أنك نسيت الخوذة، ولكن لديك الدرع والحذاء والسيف والمنطقة والترس، بهذا يكون معظم جسدك مغطى ولكن رأسك مكشوف لهجمات العدو، وهذا هو السبب في أن الحياة الفكرية الخاصة بكثير من المؤمنين ليست في حماية كافية، فهم يعانون من جروح بالرأس وهذا يفقدهم القدرة على استخدام السيف والترس،

فليس لديهم سوى خمس قطع فقط من السلاح على الرغم من أنه يجب أن يمتلكوا القطع الست .

وفيما يلي مثال آخر ، يقول بعض الناس : «حسناً يا أخي لدي محبة ، ولهذا فلست بحاجة إلى المواهب» . وقد تعلمت من الخبرة أن أسأل عن كم المحبة التي يملكها هؤلاء الذين يتحدثون بهذه الطريقة ، فأقول إن المحبة تظهر فعلياً في الأعمال لا من خلال تأكيد الشخص على امتلاكها ، ومع هذا فإن هذا المنطق ليس كتابياً لأن الكتاب المقدس يقول أنه يجب أن يكون لدينا كلاهما أي المحبة والمواهب ، فالمحبة ليست بديلاً عن مواهب الروح ومواهب الروح ليست بديلاً عن المحبة .

تظهر المحبة من خلال أفعالنـا لا أقوالنـا

تعلّمنا رسالة (كورنثوس الأولى ١٢ : ٣١) «**وَلكِنْ جِدُّوا لِلْمَوَاهِبِ الْحُسْنَى. وَأَيْضًا أُرِيكُمْ طَرِيقًا أَفْضَلَ**». وهذا الطريق الأفضل هو طريق المحبة ، بمعنى أن اشتهاء امتلاك المواهب الحسنى شرطاً لكي يرينا الله طريقاً ممتازاً ، لأن هناك ترجمة أدق لهذه الآية تقول : «**اشتهوا بجد المواهب الحسنى وسأريكم أيضاً طريقاً أفضل**» . تخبرنا رسالة (كورنثوس الأولى ١٤ : ١) «**اِتْبَعُوا الْمَحَبَّةَ، وَلكِنْ جِدُّوا لِلْمَوَاهِبِ الرُّوحِيَّةِ**» وهي

لا تقول: «**أو جدوا للمواهب الروحية**»، فأنت لست مدعواً لكي تختار، بل هناك وصية لكي تُجِدّ في طلب كلّ من المحبة والمواهب الروحية، وإن لم تَجِدّ في طلب كليهما فأنت لا تطيع كلمة الله.

تدخلنا المعمودية إلى عالم غير مألوف بالنسبة لنا

ثالثاً: معمودية الروح القدس هي اختبار وهو اختبار خارق للطبيعة، في كثير من الحالات تعد معمودية الروح القدس أول اختبار خارق للطبيعة بالنسبة لكثير من المؤمنين، وهكذا فإنّ هذا الاختبار يُدخِلُهم إلى عالم جديد تماماً وعادةً لا يشعرون بالراحة في هذا العالم.

فهناك عالم الصراع الروحي الذي لم يعرفه أغلبهم قبل معمودية الروح القدس، دعني أعطيك مثالاً صغيراً من خدمة يسوع. ألق نظرة على ما يلي:

«**وَفِي تِلْكَ الأَيَّامِ جَاءَ يَسُوعُ مِنْ نَاصِرَةِ الْجَلِيلِ وَاعْتَمَدَ مِنْ يُوحَنَّا فِي الأُرْدُنِّ. وَلِلْوَقْتِ وَهُوَ صَاعِدٌ مِنَ الْمَاءِ رَأَى السَّمَاوَاتِ قَدِ انْشَقَّتْ، وَالرُّوحَ مِثْلَ حَمَامَةٍ نَازِلاً عَلَيْهِ. وَكَانَ صَوْتٌ مِنَ السَّمَاوَاتِ: «أَنْتَ ابْنِي الْحَبِيبُ الَّذِي بِهِ سُرِرْتُ**».

وَلِلْوَقْتِ أَخْرَجَهُ الرُّوحُ إِلَى الْبَرِّيَّةِ، وَكَانَ هُنَاكَ فِي الْبَرِّيَّةِ أَرْبَعِينَ يَوْمًا يُجَرَّبُ مِنَ الشَّيْطَانِ. وَكَانَ مَعَ الْوُحُوشِ. وَصَارَتِ الْمَلاَئِكَةُ تَخْدِمُهُ.» (مرقس ١ : ٩ – ١٣).

هذه هي الحادثة التي مُسح فيها يسوع لخدمته، فقد حل الروح القدس عليه ثم استقر عليه.

عــادة مــا تدخلنا معمــوديــة الــروح القــدس إلى عــالم الحــرب الروحيــة

لاحظ ما حدث بعد ذلك كنتيجة مباشرة لهذا الاختبار «**وَلِلْوَقْتِ أَخْرَجَهُ الرُّوحُ إِلَى الْبَرِّيَّةِ، وَكَانَ هُنَاكَ فِي الْبَرِّيَّةِ أَرْبَعِينَ يَوْمًا يُجَرَّبُ مِنَ الشَّيْطَانِ.**» ليس هذا ما يتوقعه الناس ولكن هذا هو الواقع الروحي، ويمكن أن يحدث نفس الأمر في حياتك عندما تعتمد بالروح القدس، فتدخل إلى عالم روحي جديد حيث يصبح فيه الشيطان والأرواح الشريرة حقيقة أكثر، فتُفتَح مواقع جديدة في ذهنك وفي روحك لم تنفتح من قبل، فمعمودية الروح القدس ليست نزهة بل حقيقة.

المعمـــوديـــة بـدون كلمـــة اللـــه خطـــر

رابعاً: معمودية الروح القدس يجب أن تكون متحدة بكلمة الله، وإلا ستواجه خطراً شديداً للغاية، أريدك أن تلاحظ هذه الحقيقة، تغلب يسوع على الشيطان، وقد هزمه بسلاح واحد هو كلمة الله المكتوبة.

«فَتَقَدَّمَ إِلَيْهِ الْمُجَرِّبُ وَقَالَ لَهُ: «إِنْ كُنْتَ ابْنَ اللهِ فَقُلْ أَنْ تَصِيرَ هذِهِ الْحِجَارَةُ خُبْزًا». فَأَجَابَ وَقَالَ: «مَكْتُوبٌ: لَيْسَ بِالْخُبْزِ وَحْدَهُ يَحْيَا الإِنْسَانُ، بَلْ بِكُلِّ كَلِمَةٍ تَخْرُجُ مِنْ فَمِ اللهِ». ثُمَّ أَخَذَهُ إِبْلِيسُ إِلَى الْمَدِينَةِ الْمُقَدَّسَةِ، وَأَوْقَفَهُ عَلَى جَنَاحِ الْهَيْكَلِ، وَقَالَ لَهُ: «إِنْ كُنْتَ ابْنَ اللهِ فَاطْرَحْ نَفْسَكَ إِلَى أَسْفَلُ، لأَنَّهُ مَكْتُوبٌ: أَنَّهُ يُوصِي مَلاَئِكَتَهُ بِكَ، فَعَلَى أَيَادِيهِمْ يَحْمِلُونَكَ لِكَيْ لاَ تَصْدِمَ بِحَجَرٍ رِجْلَكَ». قَالَ لَهُ يَسُوعُ: «مَكْتُوبٌ أَيْضًا: لاَ تُجَرِّبِ الرَّبَّ إِلهَكَ». ثُمَّ أَخَذَهُ أَيْضًا إِبْلِيسُ إِلَى جَبَل عَال جِدًّا، وَأَرَاهُ جَمِيعَ مَمَالِكِ الْعَالَمِ وَمَجْدَهَا، وَقَالَ لَهُ: «أُعْطِيكَ هذِهِ جَمِيعَهَا إِنْ خَرَرْتَ وَسَجَدْتَ لِي». حِينَئِذٍ قَالَ لَهُ يَسُوعُ: «اذْهَبْ يَا شَيْطَانُ! لأَنَّهُ مَكْتُوبٌ: لِلرَّبِّ إِلهِكَ تَسْجُدُ وَإِيَّاهُ وَحْدَهُ تَعْبُدُ». (متى ٤ : ٣ – ١٠).

أجاب يسوع ثلاث مرات قائلاً: «مكتوب»، لا يوجد شخصُ يجب أن يعرف كلمة الله المكتوبة أكثر من هذا الذي اعتمد لِتّوه بالروح القدس، فأنت بحاجة ماسة إلى دراسة كتابك المقدس ومعرفته، وتذكّر أن الشيطان يمكن أن يقتبس من الكتاب المقدس، ولهذا يجب أن تتغلب عليه وذلك ليس فقط بالآيات التي تحفظها من الكتاب المقدس ولكن أيضاً بأن تكون قادرا على اختيار الآية المناسبة وفى الموقف المناسب لأنك تعرف كلمة الله وتفهمها.

يجب أن تكون إختبارتنا وأفعالنا متوافقة تماماً مع كلمة الله

توصينا (أفسس ٦: ١٧) «**وَخُذُوا......وَسَيْفَ الرُّوحِ الَّذِي هُوَ كَلِمَةُ اللهِ.**» لاحظ أن سيف الروح القدس هو كلمة الله، و مسئوليتك أنت أن تأخذه، فلو أنك أخذته فإن الروح سيستخدمه من خلالك، ولكن إن لم تأخذه فإن الروح لن يكون لديه ما يستخدمه، آه ويالها من مشكلات تلك التي يمكن أن تظهر عندما تكون في مثل هذا الموقف حيث لا يمكنك الدفاع!

دعني أقدم لك تحذيراً أخيراً في العلاقة بكلمة الله، يجب ألا
نعرف الكلمة وحسب بل يجب أن نتأكد من أننا نطيع الكلمة،
فالمعمودية بالروح القدس ليست تصريحاً لكي نتصرف بالطريقة
التي نريدها وهي ليست عذراً لكي نعصي التعليمات الواضحة التي
يذكرها الكتاب المقدس، فيجب أن تكون اختباراتنا وتصرفاتنا
دائمة متوافقة مع كلمة الله.

الفصل الرابع

الغرض من الإختبار

تكلمت فى البداية عن الأمور السلبية حتى أتمكن من الكلام عن الأمور الإِيجابية، هذا لو كان بإِمكاني أن أتناول الأمر بهذه الطريقة، فهناك عدة أهداف هامة وراء المعمودية بالروح القدس ينوي الله تحقيقها وإتمامها في حياة المؤمن، ولكن القدر الذى سيتحقق من هذه الأهداف يعتمد على المؤمن نفسه.

مدخــل إلى الأمــور الخارقة للطبيعـة

يحوي الجزء التالي وعداً رائعاً إن قرأته بإِمعان:

«لأَنَّ الَّذِينَ اسْتُنِيرُوا مَرَّةً، وَذَاقُوا الْمَوْهِبَةَ السَّمَاوِيَّةَ وَصَارُوا شُرَكَاءَ الرُّوحِ الْقُدُسِ، وَذَاقُوا كَلِمَةَ اللهِ الصَّالِحَةَ وَقُوَّاتِ الدَّهْرِ الآتِي...» (عبرانيين ٦: ٤ – ٥)

إن «**شركاء الروح القدس**» قد «**ذاقوا**» قوات الدهر الآتي، يا له من وصف رائع، فقد تلامسوا مع قوة تنتمي للدهر الآتي ولكنها

متاحة لهم في هذا الدهر ، وبـهـذا نجد أن الهدف من معمودية الروح القدس هو أن تكون مدخلاً وباباً يُفْضي إلى الأمور الخارقة للطبيعة ، فهي ليست بهدف في حد ذاتها ولكنها مجرد مدخل وباب ، فالله يريد للمؤمن بعد أن يعتمد بالروح القدس أن يسلك في الأمور الخارقة للطبيعة ، في الواقع لو أمكنني أن أضع الأمر بهذه الطريقة أن الأمور الخارقة للطبيعة تصبح أموراً طبيعية .

> فبالنسبة للمؤمن الذي اعتمد بالروح القدس فإن الأمـور الخارقــة للطبيعة يجب إن تكــون أمـوراً طبيعية

دعونا نلقي نظرة على سفر الأعمال كصورة للكنيسة ، ولأجل الأمانة الفكرية فإني أقدم هذا التحدي : هل يمكنك أن تجد أصحاحاً واحداً من بين الثمانية وعشرين إصحاحاً في سفر الأعمال يخلو من الحديث عن الأمور الخارقة للطبيعة ؟ لأنه لا يوجد أصحاح لا يتكلم عن أمور خارقة للطبيعة ، وبالتالى فلا يمكننا الإشارة إلى مسيحية العهد الجديد بمعزلٍ عن الأمور الخارقة للطبيعة .

أحب الإشارة الواردة في سفر الأعمال والتي تقول : «وَكَانَ اللهُ يَصْنَعُ عَلَى يَدَيْ بُولُسَ قُوَّاتٍ غَيْرَ الْمُعْتَادَةِ» (أعمال ١٩ : ١١) ، أحب

بصفة خاصة كلمة «غير معتادة»، في الأصل اليوناني هذه الكلمة تعني نوعاً من المعجزات لا يحدث كل يوم. بمعنى آخر كانت المعجزات حدثاً يومياً في الكنيسة الأولى، ولكن كانت هناك أمور غير معتادة، فحتى الكنيسة الأولى لفتت هذه المعجزات انتباهنا.

مرة أخرى دعني أقول إنه يمكننا أن نقدم نظريات عن كل ما نريد في كنيسة العهد الجديد ولكن لا يمكننا أن نختبره بدون الأمور الخارقة للطبيعة.

للشـهادة

«لكِنَّكُمْ سَتَنَالُونَ قُوَّةً مَتَى حَلَّ الرُّوحُ الْقُدُسُ عَلَيْكُمْ، وَتَكُونُونَ لِي شُهُودًا» (أعمال ١ : ٨).

تهدف معمودية الروح القدس إلى أن تلبسنا قوة معجزية من الأعالي حتى يمكننا أن نكون شهوداً، لاحظ أن الشهادة هي ليسوع المسيح، فهي ليست للتعليم وليست بالأساس للاختبار ولكنها شهادة ليسوع نفسه، لقد انحرف كثيرون منا في الحركة الخمسينية وأصبحوا شهوداً لطائفة أو لكنيسة أو لاختبار، ولكن الهدف الحقيقي هو أن نشهد ليسوع المسيح، وسنجد أن الناس الذين يشهدون ليسوع ناجحون جداً.

للصـــلاة

ينتج عن هذا الاختبار أيضاً ثورة في حياة الصلاة الخاصة بالمؤمن، دعونا نلقي نظرة سريعة على (رومية ٨) :

«وَكَذلِكَ الرُّوحُ أَيْضًا يُعِينُ ضَعَفَاتِنَا، لأَنَّنَا لَسْنَا نَعْلَمُ مَا نُصَلِّي لأَجْلِهِ كَمَا يَنْبَغِي. وَلكِنَّ الرُّوحَ نَفْسَهُ يَشْفَعُ فِينَا بِأَنَّاتٍ لاَ يُنْطَقُ بِهَا. وَلكِنَّ الَّذِي يَفْحَصُ الْقُلُوبَ يَعْلَمُ مَا هُوَ اهْتِمَامُ الرُّوحِ، لأَنَّهُ بِحَسَبِ مَشِيئَةِ اللهِ يَشْفَعُ فِي الْقِدِّيسِينَ» (رومية ٨ : ٢٦ - ٢٧).

لاحظ أننا جميعاً لنا ضعفات، والكلمة لا تعني «مرضاً» ولكنه ضعف طبيعي في الجسد، فنحن لا نعلم كيف نصلّي كما ينبغي، فلا يوجد إنسان يعرف كيف يصلّي كما ينبغي.

يمكنني أن أقول (وأثق أنك لن تسئ فهمي) إني سمعت أخوة أعزاء في اجتماعات صلاة الطلبة، من الشباب المتعلمين المخلصين الذين يدرسون الكلمة سمعتهم وهم يخبرون الله القدير بما يجب أن يفعله.

هذه ليست صلاة، فالله ليس بحاجة لأن نخبره بما يجب أن يفعل، فأن نجتمع مع مجموعة من الأشخاص العقلانيين لكي نخبر الله أن يفعله ليس هو الصلاة حسب العهد الجديد، ولكن في صلاة العهد الجديد يصبح المؤمن هيكلاً يأتي فيه شخص ليقود اجتماع الصلاة،

هذا الشخص هو الروح القدس فنصبح ببساطة مجرد أداة.

أتت سيدة ولدت وتربت في الكنيسة الكاثوليكية في أيرلاندا إلى انجلترا حيث نالت الخلاص ومعمودية الروح القدس، في ذلك الوقت كانت تعمل فى أحد الفنادق بلندن وكانت تعيش في حجرة مشتركة مع فتاة أيرلاندية كاثوليكية.

يصبح المؤمن هيكلاً يقود الروح القدس من خلاله اجتماع الصلاة

وفي أحد الأيام قالت لها تلك الفتاة الأخرى: «أَودَّ أن أسألكِ عن شيء وأرجو ألا تمانعي، إنكِ في كل ليلة بعدما تأوين إلى الفراش ويبدو أنك نعست، أسمعك تتحدثين بلغة غريبة، فما هي هذه اللغة؟» و لأول مرة عرفت تلك الشابة أنه في كل ليلة بعدما ينام جسدها فإِنّ الروح القدس يصلي من خلالها.

اقرأ ما يقوله الكتاب المقدس عن عروس المسيح: «**أَنَا نَائِمَةٌ وَقَلْبِي مُسْتَيْقِظٌ.**» (**نشيد الأنشاد ٥ : ٢**)، هذا هو الواقع الروحي، ويقول عن النيران الموجودة على مذبح خيمة الاجتماع في العهد القديم: «**نَارٌ دَائِمَةٌ تَتَّقِدُ عَلَى الْمَذْبَحِ. لاَ تَطْفَأُ.**» (**لاويين ٦ : ١٣**)،

هذه هي صورة الروح القدس في مذبح قلب المؤمن، نار لا تنطفئ ليلاً ونهاراً.

دعني أقدم لك آيتين آخرتين ولنبدأ بـ (أفسس ٦ : ١٨) «مُصَلِّينَ بِكُلِّ صَلاَةٍ وَطِلْبَةٍ كُلَّ وَقْتٍ فِي الرُّوحِ» لاحظ أنها تقول مصلين كل وقت في الروح، لا يمكنك أن تصلي دائماً بذهنك، ولا يمكنك أن تصلي دائماً بجسدك ولكن عندما يكون الروح القدس موجوداً فهو لا يسكت.

> تشعل المعمودية نيراناً لهذا يجب أن نكون حذرين حتي لا نطفئها

نجد نفس الفكرة في ١تسالونيكي والإصحاح الخامس حيث يقول: «صَلُّوا بِلاَ انْقِطَاعٍ» (آية ١٧)، «لاَ تُطْفِئُوا الرُّوحَ.» (آية ١٩)، إن هاتين الآيتين مرتبطتين معاً، فيمكنك أن تطفئ الروح، ويمكنك أن تطفئ النيران، ولكن هذه ليست إرادة الله، فالمعمودية بالروح القدس تشعل نيراناً، وتذكر أن بولس قال لتيموثاوس: «أضرم ولا تهمل الموهبة التي فيك».

انظر (١ تيموثاوس ٤ : ١٤، ٢تيموثاوس ١ : ٦).

بنفس هذه الكلمات أتحدى أي شخص ليس لديه هذا الاختبار الخارق للطبيعة أن يحيا وفقاً لمقياس العهد الجديد في الصلاة، لأن ذلك مستحيل بالنسبة له، **وهذا ما أقصده عندما قلت إن مسيحية العهد الجديد خارقة للطبيعة، ولا يمكن أن تكون غير ذلك.**

للتعليم

«وَأَمَّا مَتَى جَاءَ ذَاكَ، رُوحُ الْحَقِّ، فَهُوَ يُرْشِدُكُمْ إِلَى جَمِيعِ الْحَقِّ، لأَنَّهُ لاَ يَتَكَلَّمُ مِنْ نَفْسِهِ، بَلْ كُلُّ مَا يَسْمَعُ يَتَكَلَّمُ بِهِ، وَيُخْبِرُكُمْ بِأُمُورٍ آتِيَةٍ.» (يوحنا ١٦ : ١٣).

«وَأَمَّا الْمُعَزِّي، الرُّوحُ الْقُدُسُ، الَّذِي سَيُرْسِلُهُ الآبُ بِاسْمِي، فَهُوَ يُعَلِّمُكُمْ كُلَّ شَيْءٍ، وَيُذَكِّرُكُمْ بِكُلِّ مَا قُلْتُهُ لَكُمْ.» (يوحنا ١٤ : ٢٦).

الروح القدس هو المعلم الأعظم للكتاب المقدس، وقد وعد يسوع المسيح بأنه عندما يأتي روح الحق فهو سيرشدنا إلى كلّ الحق ويعلّمنا ويذكّرنا بكل ما قاله يسوع.

والروح القدس هو أعظم من يعلن عن يسوع المسيح، قال يسوع: **«ذَاكَ يُمَجِّدُنِي، لأَنَّهُ يَأْخُذُ مِمَّا لِي وَيُخْبِرُكُمْ.» (يوحنا ١٦ : ١٤)** تتم هاتان الوظيفتان معاً لأن يسوع هو الكلمة الحية والكتاب المقدس هو الكلمة المكتوبة، والروح القدس هو من أَمْلَىَ الكلمة المكتوبة، وهو الذي يأتي ليفسرها.

في عام ١٩٤١ عندما خدمت كجندي في الجيش البريطاني، دعاني جندي آخر لحضور خدمة خمسينية، ولم يكن لدي فكرة وقتها أنها خدمة خمسينية، ولم أكن أعرف حتى بوجود هؤلاء الخمسينين، ولم أسمع عنهم من قبل، ولو كنت أعرف عنهم أو سمعت عنهم من قبل لترددّت في الذهاب إلى هناك.

الـروح القـــدس هـــو كاتـــب ومفســـر كلمـة اللـه المكتـــوبة

في ذلك الوقت كنت قد قضيت سبع سنوات في كمبريدج لدراسة الفلسفة، وحصلت على درجة الزمالة من جامعة كمبريدج، هل تعرف معنى أن يذهب شخص ما لحضور خدمة دينية باتجاه نقدي، هذا هو أنا، وقلت لنفسي سأرى إن كان هذا الواعظ يعرف فعلاً ما يتحدث عنه، وبعدما استمعت له لبرهة، توصلت إلى نتيجتين محددتين وواضحتين، الأولى هو أن هذا الواعظ يعرف ما يتحدث عنه والثانية أني لا أعرف ما يتحدث عنه.

تأثرت بشدة بشئ واحد هو أنه فى أثناء حديثه عن داود وشاول وصموئيل وغيرهم من الشخصيات الكتابية الأخرى بدت لي

علاقته بهم كما لو أنه تقابل معهم في هذا الصباح، وفكرت : كيف عرف هؤلاء الناس بهذه الطريقة؟

عندما كنت شاباً كانت دراسة الكتاب المقدس إجبارية في المدرسة التي كنت أذهب إليها، وبما أني أتمتع بذاكرة دقيقة إلى حد ما، فقد كنت تلميذاً جيداً في هذه المادة إذ كنت أحصل على أكثر من تسعين بالمائة في الامتحانات على الرغم من أن الدراسة كانت مملة، ولكن بعد مرور أربعة عشر عاماً مرت على هذه الحادثة، وعندما اعتمدت بالروح القدس (وهو ما حدث في أحد غرف ثكنات الجيش بعد فترة قصيرة من سماعي لهذا الواعظ الخمسيني) أصبحت كل قصة من قصص الكتاب المقدس التي درستها وفى طفولتي حية وواضحة لي كما لو كنت قد قرأتها بالأمس، من الذي فعل هذا؟ إنه الروح القدس، فهو المعلم.

يمكن للروح القدس أن يعلمك من خلال مؤمن آخر

نحن بحاجة إلى معلمين بشر أيضاً، لهذا لا تكن متعصباً، فيمكن أن يعلمك الروح القدس من خلال مؤمن آخر، وقد أضفت هذه العبارة لأني تقابلت مع أناس يعتقدون أنهم ليسوا بحاجة إلى

تعليم بما أنّ لديهم الروح القدس، ولكن الروح القدس هو المعلم وهو يعلن عن يسوع المسيح، فهو يريك يسوع بطريقة أوضح من أي شيء آخر.

هل تعلم أين المسيح؟ إنه جالس عن يمين الله القدير «دُفِعَ إِلَيَّ كُلُّ سُلْطَانٍ فِي السَّمَاءِ وَعَلَى الأَرْضِ» (متى ٢٨ : ١٨)، عندما حل الروح القدس في يوم الخمسين، كان الأمر مثل خطاب شخصيّ من الرب لهؤلاء التلاميذ المجتمعين في العلية قائلاً: «لقد وصلت، وأنا هنا، لقد رأيتموني أذهب، والآن تعرفون أين أنا».

بعد ذلك بفترة وجيزة وقف بطرس وأخبر غير المؤمنين، أي اليهود الذين يرفضون المسيح:

«وَإِذِ ارْتَفَعَ بِيَمِينِ اللهِ، وَأَخَذَ مَوْعِدَ الرُّوحِ الْقُدُسِ مِنَ الآبِ، سَكَبَ هذَا الَّذِي أَنْتُمُ الآنَ تُبْصِرُونَهُ وَتَسْمَعُونَهُ». (أعمال ٢ : ٣٣).

عرف بطرس أين يسوع بطريقة جديدة، من الذي أوضح له هذا الأمر؟ أنه الروح القدس

لتمجيد المسيح

كانت زوجتي الأولى ليديا لوثرية أصيلة في كنيسة بإحدى الولايات الدانماركية، وقد اعتمدت بالروح القدس عندما كانت

شابة في إحدى الليالي في غرفتها، ولم يضغط عليها أحد أو يؤثر عليها أو يعلمها عن هذا الأمر، وكانت موهبة مباشرة من السماء، وكان التغيير الذي حدث في حياتها مؤثراً للغاية، لدرجة أنها لم تكن تعرف ماذا تفعل، لهذا ذهبت إلى أحد الشيوخ، وهو راعٍ محترم في الكنيسة اللوثرية في كوبنهاجن، وكانت قد سمعت أنه شخص روحي أكثر من الرعاة الآخرين.

قالت ليديا: «لديَّ مشكلة، فهل بإمكانك أن تساعدني؟».

واهتم الراعي جداً بتلك الشابة التي أتت له بمشكلة وسألها: «ما هي؟»

فقالت: «حسناً، حدث شئ لي ولكني لست متأكدة منه».

فسألها: «هل يمكنك أن تصفيه لي؟»

أجابت: «الآن عندما أصلّي، أشعر أني أرى يسوع».

وقد أجاب هذا الراعي اللوثري منذ أكثر من ثلاثين عاماً قائلاً: «أختي، لابد أنك قد اعتمدت بالروح القدس».

لهذا السبب تأتى معمودية الروح القدس لكي تمجد يسوع.

للإرشاد

هناك جانب آخر لخدمة الروح القدس ألا وهو الإرشاد والتحذير.

«وَأَمَّا مَتَى جَاءَ ذَاكَ رُوحُ الْحَقِّ فَهُوَ يُرْشِدُكُمْ إِلَى جَمِيعِ الْحَقِّ، لأَنَّهُ لاَ يَتَكَلَّمُ مِنْ نَفْسِهِ، بَلْ كُلُّ مَا يَسْمَعُ يَتَكَلَّمُ بِهِ، وَيُخْبِرُكُمْ بِأُمُورٍ آتِيَةٍ». (يوحنا ١٦ : ١٣).

نحن بحاجة إلى هذا، فنحن بحاجة إلى تحذير خارق للطبيعة وتوجيه وإرشاد لكي ننجو في هذا العالم الذي نعيش فيه اليوم، فلو أننا لا نحيا إلا في الطبيعي فسنختار اختيارات خاطئة طوال الوقت.

> يدخل المؤمنون الذين اعتمدوا بالروح القدس إلى مجالس السماء حيث يسمعون لصوت الروح الوديع الهادئ

دعني أُذكّرك بما قاله يسوع في (**لوقا ١٧ : ٢٦**) **«وَكَمَا كَانَ فِي أَيَّامِ نُوحٍ كَذلِكَ يَكُونُ أَيْضًا فِي أَيَّامِ ابْنِ الإِنْسَانِ»** نفكر في الخطية والآثام التي انتشرت في أيام نوح ونقول أنها مثل الخطية المنتشرة اليوم، ولكن تذكر أن هناك شيئاً آخر حدث في أيام نوح: **«بِالإِيمَانِ نُوحٌ لَمَّا أُوحِيَ إِلَيه عَنْ أُمُورٍ لَمْ تُرَ بَعْدُ خَافَ، فَبَنَى فُلْكًا لِخَلاَصِ بَيْتِهِ»**. (عبرانيين ١١ : ٧)، أعطى الله لنوح إعلاناً خارقاً للطبيعة عمّا سيأتي على الأرض، وعرف الخطوات التي يجب عليه اتخاذها وعرف الطريق للأمان، وبنفس الطريقة فإننا نحن الذين نعيش في

عصر الذرة بحاجة إلى أن نكون على اتصال دائم بالسماء بطريقة شخصية وحقيقية للغاية.

قال يسوع: «**وَأَمَّا مَتَى جَاءَ ذَاكَ، رُوحُ الْحَقِّ، فَهُوَ يُرْشِدُكُمْ إِلَى جَمِيعِ الْحَقِّ، لأَنَّهُ لاَ يَتَكَلَّمُ مِنْ نَفْسِهِ، بَلْ كُلُّ مَا يَسْمَعُ يَتَكَلَّمُ بِهِ، وَيُخْبِرُكُمْ بِأُمُورٍ آتِيَةٍ.**» **(يوحنا ١٦: ١٣)**، إن الله يدخلنا إلى مجالس السماء عندما نعتمد بالروح القدس ونستمع لصوت الروح الهادئ الرقيق. يمكنني أن أشهد شخصياً عن هذا الأمر فقد سافرت مئات الأميال وذهبت إلى أماكن خطرة وموحشة، وأود أن اعترف بأن التوجيه والإعلان الخارق للطبيعة الذى أعطانى إياه الروح القدس قد كشف لي في كثير من الأحيان ما سيحدث فيما بعد، فإرشاده مكنني من اتخاذ الخطوة المناسبة وبلا شك نحن بحاجة له اليوم.

للصحة

«**حَامِلِينَ فِي الْجَسَدِ كُلَّ حِينٍ إِمَاتَةَ الرَّبِّ يَسُوعَ، لِكَيْ تُظْهَرَ حَيَاةُ يَسُوعَ أَيْضًا فِي جَسَدِنَا. لأَنَّنَا نَحْنُ الأَحْيَاءَ نُسَلَّمُ دَائِمًا لِلْمَوْتِ مِنْ أَجْلِ يَسُوعَ، لِكَيْ تَظْهَرَ حَيَاةُ يَسُوعَ أَيْضًا فِي جَسَدِنَا الْمَائِتِ**». **(٢كورنثوس ٤: ١٠ - ١١)**.

لاحظ أنه مكتوب «**لِكَيْ تَظْهَرَ حَيَاةُ يَسُوعَ أَيْضًا فِي جَسَدِنَا الْمَائِتِ**»، فلا يريد الله أن تكون لنا حياة غير مرئية ومخفية فقط بل أن تكون

مُعّلَنَة في أجسادنا، فما هي حياة يسوع؟ إنها حياة القيامة، وحياة الانتصار وحياة القوة، فإنها إرادة الله أن تظهر في أجسادنا المائتة.

إذن ما هو المجال المتروك في أجسادنا لعمل الشيطان؟ لاحظ أن كلمة «تظهر» تستخدم مرتين في هاتين الآيتين، في الواقع هذا هو الشفاء الإلهي بل أكثر، إنها صحة إلهية وحياة قيامة أبدية تلك التي تتغلغل في أجسادنا وتعمل فيها وتظهر نفسها في أجسادنا المائتة.

الصحـة الإلهية وحياة القيامة الأبديـة تتغلغـل الآن وتعمـل وتظهـر نفســها في أجســادنا المائتــة

من هو المتحكم في هذه الحياة؟ الإجابة نجدها في (رومية ٨ : ١٠) «**وَإِنْ كَانَ الْمَسِيحُ فِيكُمْ، فَالْجَسَدُ مَيِّتٌ بِسَبَبِ الْخَطِيَّةِ، وَأَمَّا الرُّوحُ فَحَيَاةٌ بِسَبَبِ الْبِرِّ**». أليس هذا رائعاً؟

لم أكن أعرف أي شيء عن تعليم الخلاص في الليلة التي حصلت فيها على الخلاص، فأنا تعلمت في كليتي إيتون وكينج، بجامعة كمبردج، فماذا سأعرف عن الخلاص؟ إني أقول هذا مازحاً ولكنه أمر محزن، في الحقيقة لم أكن حتى سن الخامسة والعشرين من

عمرى قد سمعت وعظاً عن الإنجيل، ولم أقابل أي شخص يشهد لي باختباره الشخصي عن الولادة الثانية.

يتحدث الناس عن أفريقيا السوداء، ولكني لم أقابل أفريقياً يعاني من ظلمة روحية أعظم من تلك التي عانيت منها بعدما أمضيت سبع سنوات في كمبردج، ففي ذلك الوقت كنت دائم التجديف وكنت أيضاً مدمناً للكحوليات بشدة، ولم أعرف ما هو الخلاص ولكن أتت لحظة تقابلت فيها مع أناس لديهم شئ ما لا أملكه، وظللت أردد فى فكرى أنّ الله لا يمكن أنْ يكون غير عادل بالتالى فإنه كما أعطى هذا الشيء لهؤلاء فلابد وأنه سيعطيني إياه.

> ## كنت خاضعاً لإدارة جديدة ولم أرغب حتى في الشراب

طلبت منه هذا الشئ، وحصلت عليه في وقت متأخر بعد منتصف الليل في حجرتي بالجيش، وفي اليوم التالي لم أعد مجدفاً، وأيضاً عندما ذهبت إلى الحانة لأبتاع شراباً بدا كما لو كانت رجلي لا تريد الدخول، فقد كنت تحت إدارة جديدة تماماً، ولم أرغب في الشراب وكأن الاعتياد على ارتياد هذا المكان هو فقط الذي أتى بي إليه.

فما الذي كسر قوة التجديف والرغبة في الشراب بهذه الطريقة؟ المسيح حل فيّ ، ومات الجسد القديم ، والجسد الميت لا يشتهي الشراب ، والجسد الميت لا يجدف ، فالحياة الجديدة أتت ، أية حياة ؟ «وَإِنْ كَانَ الْمَسِيحُ فِيكُمْ، فَالْجَسَدُ مَيِّتٌ بِسَبَبِ الْخَطِيَّةِ، وَأَمَّا الرُّوحُ فَحَيَاةٌ بِسَبَبِ الْبِرِّ.» (رومية ٨: ١٠)، وبما أننا تبررنا بالإيمان بيسوع المسيح ، فقد حصلنا على الحياة الجديدة إذ يأتي الروح ويعطينا : «حياة بسبب البر» .

وعندما نكمل القراءة فى رومية ٨ فسنجد :

«وَإِنْ كَانَ رُوحُ الَّذِي أَقَامَ يَسُوعَ مِنَ الأَمْوَاتِ سَاكِنًا فِيكُمْ، فَالَّذِي أَقَامَ الْمَسِيحَ مِنَ الأَمْوَاتِ سَيُحْيِي أَجْسَادَكُمُ الْمَائِتَةَ أَيْضًا بِرُوحِهِ السَّاكِنِ فِيكُمْ.» (رومية ٨: ١١).

هذا هو الروح القدس وهو المسئول عن حياة قيامة يسوع ، لينقلها إلى أجسادنا المائتة .

ليس من قبيل الصدفة أنه تقريباً في كل مكان اعتمد فيه الناس بالروح القدس نراهم يصلون لأجل المرضى ، فلا يمكنني أن أفكر في أى استثناء لهذه القاعدة ، وأعرف أن هناك كثيرين لم يعتمدوا بالروح القدس ، ومع ذلك فإنهم رأوا الشفاء في الآيات الكتابية وقد مارسوا الصلاة لأجله بأمانة ، والله يكرم صلواتهم ، وقد فعل الله

هذا مع التلاميذ أيضاً قبل يوم الخمسين، فنقرأ أن التلاميذ خرجوا أثناء خدمتهم الأرضية مع يسوع ومسحوا مرضى كثيرين بالزيت، وأخرجوا الشياطين، ولهذا فإن الله سيكرم الذين يصلون لأجل المرضى حتى وإن لم يكونوا ممّن نالوا معمودية الروح القدس.

على أية حال إنها حقيقة أنه حيثما حل الروح القدس ليكون مسيطراً على الحياة الإلهية التي هي من يسوع المسيح، فإنه يُنير فوراً عينيّ شعب الله ليروا أن هذه الحياة ليست للإنسان الداخلي وحسب ولكنها للإنسان الخارجي أيضاً، فحتما ستجد أن هذا يحدث.

للوحدة

وأخيراً أرجع إلى نَصّي الأصلي:

«لأَنَّنَا جَمِيعَنَا بِرُوحٍ وَاحِدٍ أَيْضًا اعْتَمَدْنَا إِلَى جَسَدٍ وَاحِدٍ، يَهُودًا كُنَّا أَمْ يُونَانِيِّينَ، عَبِيدًا أَمْ أَحْرَارًا، وَجَمِيعُنَا سُقِينَا رُوحًا وَاحِدًا» (١ كورنثوس ١٢ : ١٣).

تذكر أن هذا هو: **الهدف الأساسي لله من وراء معمودية المؤمنين بالروح القدس هو أن يوحّدهم لا أن يفصلهم.**

اشتكى أحدهم من كنيسة معينة في الولايات المتحدة الأمريكية حيث أن الخادم اعتمد بالروح القدس، وتبعه بعض أعضاء كنيسته

في حين أن الباقين لم يتبعوه، وقال هذا الشخص: «إن المشكلة وراء هذا الاختبار هي أنه يقسم الكنيسة»، وقد أجاب خادم آخر رائع أعرفه شخصياً على تلك المقولة السخيفة قائلاً: «هذا أمر جدير بالملاحظة لأنه في الكنيسة الأولى كان لمعمودية الروح القدس تأثير عكسيٌّ تماماً، فعندما سمع اليهود أن الأمم يتكلمون بألسنة أخرى، كان هذا هو الشيء الوحيد الذي جمع بين اليهود والأمم في كنيسة واحدة وجسد واحد، فلم يوجد شيء آخر فعل هذا».

تأتي المعمودية بالمؤمنين المختلفين معاً في وحدة وفي شركة وعبادة

هكذا أيضاً فإن الشيء الوحيد الذي يجمع ما بين المعمدانين والإخوة البلاميس والرسوليين والإنجليين واللوثرين والمشيخيين، وغيرهم من الطوائف معاً بأعداد كبيرة يعانقون بعضهم البعض ويرفعون أذرعهم إلى فوق، ويقضون وقتاً لا يفعلون فيه شيئاً سوى تسبيح الله هو المعمودية بالروح القدس.

دعني أخبرك بحادثة كان لها تأثير عميق عليّ، كنت أتحدث في تجمع من رجال الأعمال المنتمين لجماعة الإنجيل الكامل في سبوكانا واشنطن، وكان هذا الاجتماع يعقد في فندق كبير حيث حضره

مئات من الناس، وكنت أُعلّم في دراسة الكتاب المسائية محذراً الحاضرين من أخطار الاستخفاف بيوم الخمسين.

ووصلت إلى نهاية رسالتي ولم أكن أعرف ماذا أفعل إذ ليس لديهم برنامج محدد، ولهذا وقفت في مكاني وظللت صامتاً، وسريعاً ما بدأت إحدى السيدات في الترنيم بلغة غير معروفة، ويمكنني أن أصف الأمر كما لو كان ترنيمة من العصر الجريجوري، وحدث أن الأخ الذي كان يقف بجانبي على المنبر، كان قائداً لفريق الترانيم وخبيراً في الموسيقى، وعندما انتهت من ترنيمها قال : «لقد كانت هذه مقطوعة موسيقية معقدة للغاية» وانتظرنا لبرهة فبدأ شاب يرنم بالإنجليزية وأعطى تفسيراً لتلك الترنيمة بنفس اللحن تماماً، وكانت الكلمات التي يترنم بها تناسب اللحن، فقال الرجل الذي بجانبي : «إنه يحافظ على اللحن تماماً» وحدث هذا في أثناء النهار مرتين.

أما الجانب الرائع من هذه القصة هو إنيّ فعلت شيء لا نفعله عادة في تلك التجمعات، فنادراً ما نسأل الآخرين عن الطوائف التي أتوا منها، بما أننا لا نهتم بطوائف وألقاب معينة، ولكن بما أنه بدا لي وجود روابط وعلاقات رائعة فى ظل وجود مثل تلك الأمور، فقد طرحت بعض الأسئلة عن الطوائف التي ينتمي إليها هذان الشخصان، واكتشفت أن السيدة كانت لوثرية وأن الشاب

ينتمي للكنيسة الأسقفية ، ولكننا جميعاً واحُد في يسوع المسيح وفي وحدة الروح القدس .

واليوم فإن كنيسة يسوع المسيح تواجه اختيارين ، فمن ناحية لدينا اتحاد ومن ناحية أخرى لدينا وحدة ، لن أذهب بعيداً لكي أقول أن هذين الاختيارين بالتبادل ، ولكن على الرغم من أن الإنسان يمكن أن يصنع اتحاداً فإن الروح القدس وحده هو الذي يمكنه أن يصنع الوحدة .

الفصل الخامس
النموذج الكتابى لقبول الروح القدس

إن أردنا أن نحيا في ملء معمودية الروح القدس فلابد وأن نفهم من هو الروح القدس وكيف نقبله.

من خلال الكتاب المقدس، يعطينا الله صوراً كثيرة من الحياة اليومية ومعظم هذه الصور غير شخصي، فالروح القدس يُرْمَز له بالريح والنار والمطر والندى والزيت وهذه مجرد خمسة رموز.

ونجد في العهد الجديد بصفة خاصة تأكيداً خاصاً على كلمة «هو» للإشارة إلى الروح القدس، لكي نؤكد على حقيقة أن الروح القدس شخص، لهذا يجب أن نفهم الكتاب المقدس كاملاً لأن هذا يساعدنا أن نتعلم ونقبل طبيعة الروح القدس وعمله بالكامل.

> خدمة يسوع الأساسية كانت أن يعمد بالروح القدس

لنقرأ الكلمات التي قدم بها يوحنا المعمدان المسيّا أي المسيح

«وَأَنَا لَمْ أَكُنْ أَعْرِفُهُ. لكِنْ لِيُظْهَرَ لإِسْرَائِيلَ لِذلِكَ جِئْتُ أُعَمِّدُ بِالْمَاءِ وَشَهِدَ يُوحَنَّا قَائِلاً: «إِنِّي قَدْ رَأَيْتُ الرُّوحَ نَازِلاً مِثْلَ حَمَامَةٍ مِنَ السَّمَاءِ فَاسْتَقَرَّ عَلَيْهِ. وَأَنَا لَمْ أَكُنْ أَعْرِفُهُ، لكِنَّ الَّذِي أَرْسَلَنِي لأُعَمِّدَ بِالْمَاءِ، ذَاكَ قَالَ لِي: الَّذِي تَرَى الرُّوحَ نَازِلاً وَمُسْتَقِرًّا عَلَيْهِ، فَهذَا هُوَ الَّذِي يُعَمِّدُ بِالرُّوحِ الْقُدُسِ. وَأَنَا قَدْ رَأَيْتُ وَشَهِدْتُ أَنَّ هذَا هُوَ ابْنُ اللهِ». (يوحنا ١: ٣١ - ٣٤).

كان الغرض من خدمة يوحنا المعمدان هو إعداد الطريق ليسوع وكان عليه أن يعمل شيئاً واحداً محدداً ألا وهو أن يعمّد الناس بالماء، أعتقد أنّ كلماته لم تكن هي النبوية بل أيضاً أفعاله، فكأنه يقول: «ما أفعله بالماء، سيفعله من يأتي بعدي بالروح القدس».

وبهذا قُدم يسوع على أنه من يعمد بالروح القدس، ونجد تلك المقدمة في كل الأناجيل الأربعة متى ومرقس ولوقا ويوحنا، فقد أراد الله أن يقدم يسوع لإسرائيل لا كمخلص أو كحمل الله فقط بل أيضاً على أنه من يعمد بالروح القدس، كان هذا هو الجانب الرئيسي من خدمة يسوع والذي أكد عليه يوحنا، ومع ذلك فالغريب أنّ الكنيسة لم تولِ هذا الجانب انتباهاً كافياً على مر القرون انتباهاً.

تعليم يسوع فيما يخص الروح القدس

دعونا نلقي نظرة على التعليم الفعلي ليسوع في علاقته بالروح القدس، ولنبدأ بهذا الجزء الذي تعرضنا له في بداية هذا الكتاب:

«وَفِي الْيَوْمِ الأَخِيرِ الْعَظِيمِ مِنَ الْعِيدِ وَقَفَ يَسُوعُ وَنَادَى قَائِلاً إِنْ عَطِشَ أَحَدٌ فَلْيُقْبِلْ إِلَيَّ وَيَشْرَبْ. مَنْ آمَنَ بِي، كَمَا قَالَ الْكِتَابُ، تَجْرِي مِنْ بَطْنِهِ أَنْهَارُ مَاءٍ حَيٍّ». قَالَ هذَا عَنِ الرُّوحِ الَّذِي كَانَ الْمُؤْمِنُونَ بِهِ مُزْمِعِينَ أَنْ يَقْبَلُوهُ، لأَنَّ الرُّوحَ الْقُدُسَ لَمْ يَكُنْ قَدْ أُعْطِيَ بَعْدُ، لأَنَّ يَسُوعَ لَمْ يَكُنْ قَدْ مُجِّدَ بَعْدُ.» (يوحنا ٧ : ٣٧ – ٣٩).

كان يسوع يتحدث عن شيء سيحدث في المستقبل، وليس من الصائب أن نطّبق هذا الجزء على تحّول وتغُّير الخطاة فقط وإنّما على قبول المؤمنين للروح القدس أيضاً، يخبرنا (يوحنا ٧ : ٣٩) «**لأَنَّ الرُّوحَ الْقُدُسَ لَمْ يَكُنْ قَدْ أُعْطِيَ بَعْدُ**» كلمة «**أُعْطِيَ**» موضوعة بخط مائل في كثير من ترجمات الكتاب المقدس لأنها كلمة أضافها المترجمون، فالأصل اليوناني يقول: «الروح القدس ليس بعد» من الواضح أن هذا لا يعني أن الروح القدس لم يكن موجوداً بعد لهذا كان على المترجمين أن يقرروا كيف يصيغون تلك العبارة، ويمكنني أن أفكر في كلمة واحدة يمكننا أن نستخدمها ألا وهي كلمة «متاحاً»، فالروح القدس لم يكن متاحاً بعد، فقد تحدث يسوع عنه ولم يكن

لُيتاحَ إلا عندما يرجع إلى السماء ويُمجّد ويجلس مرة أخرى عن يمين الآب، لهذا فإنه على الرغم من الوعد قد أُعْطى في (يوحنا ٧) إلا أن تحقيقه لم يتم إلا في (أعمال ٢)، بعدما تمجد يسوع.

تحقــق وعــد الــروح القــدس بعــدمــا مجــد الآب يســوع

مبادلة الأشخاص

عندما اقترب يسوع من نهاية خدمته الأرضية، بدأ يُعِد تلاميذه تدريجياً ليستوعبوا حقيقة أنه سيتركهم وأنّ ذلك الشخص الآخر سيأتي ليأخذ مكانه، وعند هذا المرحلة من تعليم يسوع ظهر تأكيد قوي جداً على أن الروح القدس شخص، فجوهر ما يقوله يسوع هو أنه سيكون هناك تبادل بين شخصين بخصوص التواجد على الأرض، «فأنا ابن الله كشخص سأرحل، وسيحل محلي شخص آخر ألا هو الروح القدس».

المعـــزي

«إنْ كُنْتُمْ تُحبُّونَني فَاحْفَظُوا وَصَايَايَ، وَأَنَا أَطْلُبُ مِنَ الآبِ فَيُعْطِيكُمْ مُعَزِّيًا آخَرَ لِيَمْكُثَ مَعَكُمْ إِلَى الأَبَدِ.» (يوحنا ١٤ : ١٥ – ١٦).

يقول يسوع: «سأطلب من الآب أن يسدد احتياجك، عندما أمضي سيعطيكم معزياً آخر» إلى ماذا تشير كلمة «آخر»؟ هناك كلمتين يونانيتين لكلمة «آخر»، أحدهما تعني مختلف في العدد والأخرى تعني مختلف في النوع، والكلمة المستخدمة هنا تعني مختلف في العدد، **فالشخص الإلهي يسوع سيمضي، ولكنه سيطلب من الآب أن يرسل شخصاً إلهياً آخر ليحل محله وهذا الشخص هو الروح القدس المعزي.**

والروح القدس مشجع بما أنه معّز، فهو لا يحبط أولاد الله أبداً، يجب أن تتذكر دائماً أن أي تأثير يصيبك بالإحباط ليس من الروح القدس، فلو أنك أخطأت فسيوبخك بصفة محددة وسيخبرك بما عليك فعله، ولكنه لن يحبطك أبداً، هناك كثيرون يعانون من التأثير المحبط في حياتهم ويعتقدون أن هذا التأثير من الروح القدس ولكنه ليس كذلك، فالروح القدس مشجع وليس محبطاً.

روح الحـــق

في الآية التالية، دعا يسوع الروح القدس روح الحق:

«رُوحُ الْحَـقِّ الَّذِي لاَ يَسْـتَطِيعُ الْعَالَمُ أَنْ يَقْبَلَهُ، لأَنَّهُ لاَ يَرَاهُ وَلاَ يَعْرِفُـهُ، وَأَمَّا أَنْتُمْ فَتَعْرِفُونَـهُ لأَنَّهُ مَاكِثٌ مَعَكُمْ وَيَكُونُ فِيكُمْ.» (يوحنا ١٤: ١٧).

لاحظ مرة أخرى أننا لا نتحدث عن شيء يقبله الخطاة، فكما قال يسوع: «**لاَ يَسْتَطِيعُ الْعَالَمُ أَنْ يَقْبَلَهُ**» فهذا شئ يمكن لأولاد الله المولودين ثانية فقط أن يقبلوه ، أمّا الخطاة فلا يستطيعون أن يقبلوه لأنهم ليسوا على اتصال به، فهم لا يرونه، ولا يعرفونه ولا يفهمونه وهو ليس حقيقياً بالنسبة لهم.

حاضر دائماً ليعين

«وَأَمَّا أَنْتُمْ فَتَعْرِفُونَهُ لأَنَّهُ مَاكِثٌ مَعَكُمْ وَيَكُونُ فِيكُمْ. لاَ أَتْرُكُكُمْ يَتَامَى. إِنِّي آتِي إِلَيْكُمْ.» (يوحنا ١٤ : ١٧ – ١٨).

بدون الروح القدس سنكون نحن المؤمنين مثل اليتامى، كأن يسوع يقول: لن أترككم مثل اليتامى بدون مَنْ يهتم بكم ويعلّمكم ويعّزيكم، أو يعينكم (يُمدَّكم بما تحتاجون) ، وعندما أمضي سيأتي شخص آخر، وبالروح القدس لن نكون يتامى إذا قبلنا معونة يسوع لنا.

قال يسوع: «**وَأَنَا أَطْلُبُ مِنَ الآبِ فَيُعْطِيكُمْ مُعَزِّيًا آخَرَ لِيَمْكُثَ مَعَكُمْ إِلَى الأَبَدِ**» (آية ١٦) كلمة للأبد هامة للغاية، أَمْضَى يسوع كشخص مدة ثلاث سنوات ونصف مع تلاميذه، والآن هو يتركهم في الفترة التي عرفوه فيها جيداً ، ولكنه قال أن المعزّي الآخر الذي سيأتي لن يتركهم أبداً، فسيأتي ليبقى معهم للأبد، وهذا المعزي هو الروح القدس.

مُعلَّــم

ثم في (يوحنا ١٤ : ٢٥ - ٢٦) قال يسوع:

«بِهذَا كَلَّمْتُكُمْ وَأَنَا عِنْدَكُمْ. وَأَمَّا الْمُعَزِّي، الرُّوحُ الْقُدُسُ، الَّذِي سَيُرْسِلُهُ الآبُ بِاسْمِي، فَهُوَ يُعَلِّمُكُمْ كُلَّ شَيْءٍ، وَيُذَكِّرُكُمْ بِكُلِّ مَا قُلْتُهُ لَكُمْ.»

تحدثنا في الفصل السابق عن دور الروح القدس كمعلّم، وإنيّ لَمتأثُر بثقة الرب يسوع في الروح القدس، وأعتقد أنه يجب أن يكون لدينا نفس الثقة، في بعض الأحيان نعتقد أنه يجب أن نقوم بكل شئ وإن لم نفعل ذلك فلن يتم أي شئ، في حين أن يسوع قال: «لقد فعلت ما يمكنني أن أفعله، وعندما يأتي الروح القدس فسيتمم العمل»، أعتقد حقاً أن هذه إحدى علامات الاتضاع من جانب الرب يسوع.

أتعلّم ما يتوقع الله أن أفعله وما يجب أن أتركه للروح القدس، فلو أني اعتقدت أنه عليّ أن أقوم بكل شيء، فعادة ما يكون هذا هو الفشل بعينه، ولكن يسوع قال: «لقد أخذتكم إلى أقصى ما يمكنني أن آخذكم إليه الآن ولا يمكنني أن أعطيكم المزيد لأنكم لن تقبلوه فسيكون هذا مضيعة للكلام»، فعندما نسكب الماء في زجاجة مغطاة فهذا معناه إهدار للماء، لهذا قال: «سأترككم، ولكن كل شئ سيكون على ما يرام لأنه عندما يأتي الروح القدس فأنا أثق به تماماً، إذ إنه سيتمم العمل».

يمكنـــك أن تفعــل الكثير فقــط فهـؤلاء الذيـن يحاولـون أن يفعلوا كل شئ بأنفســهم يعـرقـلــون الله

أعتقد حقاً أنك لو كنت قائداً لأحد برامج التلمذة فيجب أن تتذكر هذا الأمر طوال الوقت، فيمكنك أن تفعل الكثير فقط ولكن الروح القدس سيكون عليه أن يفعل الباقي، فمن يحاولون أن يفعلوا كل شيء يعرقلون الله، لم يعرقل يسوع أبداً الآب، فقد عرف متى يجب أن يترك الموقف. كانت زوجتي السابقة ليديا تقول: «اترك دائماً عندما تكون في الذروة ولا تنتظر حتى يفشل الأمر».

وهذه نصيحة جيدة للغاية، فبعض الناس لا يتركون إلا عندما يتمزق الأمر كله ولا يكون أمامهم بديل لهذا يقولون: «حسناً، الله يدعوني إلى مكان آخر»، فالأمر يحتاج إلى فن حقيقي لكي تعرف متى تترك، فهذه هي الحساسية للروح القدس، ولذلك قال يسوع: «لقد فعلت ما استطعت أن أفعله، ولكنْ هناك معلم آخر آت، وهو سيعلّمكم ما لم أعلّمكم أياه، وسيذكّركم بكل ما علّمته لكم».

من بين الأسباب وراء حلول الروح القدس هو أن يتأكـد من أن كُتّاب الكتـاب المقدس يسجلـون الأمـر جيداً

المعلّم والمذكّر هما من خدمات الروح القدس العظيمة، فلا يعتمد تسجيل الكتاب المقدس فقط على ذاكرة البشر التي لا يمكن الاعتماد عليها، فقد أتى الروح القدس ليتأكد من أن كُتّاب الوحي يسجلون الأمور علي نحو دقيق تماماً، فقد ذكّرهم بكلّ شيء، ويمكننا أن نعتمد على الكتاب المقدس لأنه تسجيل مُوحى به من الروح القدس.

أعطى الروح القدس أيضاً كُتّاب العهد الجديد فهماً جديداً لكثيرٍ من الأحداث، وإلاَّ لَمَا سجّلوها لأنهم لم يروا أهميتها عند حدوثها فعلى سبيل المثال افترض أنك تحاول وصف حدثٍ مرَّ عليك منذ عام، أو افترض أنه عيك أن تجعل ستة أفراد شاهدوا حدثاً ما يجلسون ويدوّنون كل بمفرده نفس الحدث، فستجد صعوبة فى اكتشاف أنهم يصفون نفس الحدث، فالأمر ليس سهلاً، ولكن التلاميذ لم يكن عليهم الاعتماد على القدرة البشرية وحسب، فلديهم وعد بأن الروح القدس سيذكّرهم بكلّ شيء.

تبـادل مناســب

قال يسوع أثناء استكماله لعملية توجيه التلاميذ وإعدادهم لتركه إياهم:

«وَأَمَّا الآنَ فَأَنَا مَاضٍ إِلَى الَّذِي أَرْسَلَنِي، وَلَيْسَ أَحَدٌ مِنْكُمْ يَسْأَلُنِي: أَيْنَ تَمْضِي؟ لكِنْ لأَنِّي قُلْتُ لَكُمْ هذَا قَدْ مَلأَ الْحُزْنُ قُلُوبَكُمْ». (يوحنا ١٦: ٥ – ٦).

لم يتمكنوا من فهم أي شيء سوى تلك الحقيقة الخاصة برحيل يسوع، ولكنه قال شيئاً هاماً للغاية يجب أن نفهمه:

«لكِنِّي أَقُولُ لَكُمُ الْحَقَّ: إِنَّهُ خَيْرٌ لَكُمْ أَنْ أَنْطَلِقَ، لأَنَّهُ إِنْ لَمْ أَنْطَلِقْ لاَ يَأْتِيكُمُ الْمُعَزِّي، وَلكِنْ إِنْ ذَهَبْتُ أُرْسِلُهُ إِلَيْكُمْ» (يوحنا ١٦: ٧).

«إِنَّ لِي أُمُورًا كَثِيرَةً أَيْضًا لأَقُولَ لَكُمْ، وَلكِنْ لاَ تَسْتَطِيعُونَ أَنْ تَحْتَمِلُوا الآنَ. وَأَمَّا مَتَى جَاءَ ذَاكَ، رُوحُ الْحَقِّ، فَهُوَ يُرْشِدُكُمْ إِلَى جَمِيعِ الْحَقِّ، لأَنَّهُ لاَ يَتَكَلَّمُ مِنْ نَفْسِهِ، بَلْ كُلُّ مَا يَسْمَعُ يَتَكَلَّمُ بِهِ، وَيُخْبِرُكُمْ بِأُمُورٍ آتِيَةٍ.» (يوحنا ١٦: ١٢- ١٣).

هنا مرة أخرى مبدأ مبادلة الأشخاص، قال يسوع: «طالما أني هنا فإن المعّزي لن يأتي، ولكن إن رحلْت فسأكون حراً لأرسل لكم معزياً ليأخذ مكاني، وهذا مناسب بالنسبة لكم، وهذه المبادلة لصالحكم»، وأعتقد أنه كان يقول: «ستكونون أفضل عندما أكون في السماء،

والروح القدس على الأرض من تلك الحال التي أنتم عليها الآن بوجودي على الأرض ووجود الروح القدس في السماء».

عندما أتى الروح القدس فهم التلاميذ حياة يسوع وخدمته بمنظور جديد

من الواضح تماماً أن هذا ثَبَتت صحّته لأنه في اللحظة التي أتى فيها الروح القدس حصل التلاميذ على فهم مختلف تماماً عن حياة يسوع وخدمته وتعليمه، فحتى ذلك الوقت، كانوا يقّدرون تلك الحقائق الأساسية التي كان يسوع يقولها بمنتهي البطء ولكن في اللحظة التي حلّ فيها الروح القدس حصلوا على فهم مختلف تماماً.

كثيراً ما نسمع مؤمنين يقولون: «ياله من أمرٍ رائع لو أننا كنا مثل الرسل في أيام خدمة يسوع على الأرض، لو أننا كنا قريبين من يسوع مثلهم ونِلْنا هذا القدر من التعليم الذي حصل عليه التلاميذ من يسوع؟» ولكن هذا ليس ما يعلّمنا إياه الكتاب المقدس، يخبرنا (يوحنا ١٦ : ٧) أننا الآن في حال أفضل من حال التلاميذ أثناء فترة وجود يسوع هنا على الأرض حيث لم يكن الروح القدس قد حلّ عليهم بعد، فالروح القدس لم يكُنْ ليأتي طالما كان موجوداً بشخصه على الأرض.

«وَأَمَّا مَتَى جَاءَ ذَاكَ، رُوحُ الْحَقِّ، فَهُوَ يُرْشِدُكُمْ إِلَى جَمِيعِ الْحَقِّ، لأَنَّهُ لاَ يَتَكَلَّمُ مِنْ نَفْسِهِ، بَلْ كُلُّ مَا يَسْمَعُ يَتَكَلَّمُ بِهِ، وَيُخْبِرُكُمْ بِأُمُورٍ آتِيَةٍ» (يوحنا ١٦ : ١٣).

عندما يكون لدينا الروح القدس فيمكننا أن نقول نسبياً إن لدينا خط اتّصال خاص مع السماء، فيمكننا أن نعلم بما يجري في مجلس الله.

في الآية السابقة هناك واحد من المؤشرات الواضحة على شخصية الروح القدس: «**وَأَمَّا مَتَى جَاءَ ذَاكَ، رُوحُ الْحَقّ، فَهُوَ**» لاحظ الإشارة له باستخدام الضمير «هو» وليس بالضمير الدّال على غير العاقل، الكلمة التى تعني روح «pneuma» محايدة فى اللغة اليونانية، لأن اليونانية تحتوي على ثلاثة أنواع: المذكر والمؤنث والمحايد، ولهذا فإن الضمير الذي يجب أن نستخدمه هنا لكي تكون العبارة صحيحة نحوياً هو الضمير الذي يُسْتخدم لغير العاقل، ولكن يسوع أو يوحنا كاتب الإنجيل كسر القواعد النحوية عن عَمْدٍ لكي يستخدم ضمير المذكر «هو» وليس ضمير المحايد الذي يستخدم لغير العاقل، وهذه طريقة تُسْتَخدم للتأكيد بقدر الإمكان على أن الروح القدس «هو».

الروح القدس يمجد يسوع

«ذَاكَ يُمَجِّدُنِي، لأَنَّهُ يَأْخُذُ مِمَّا لِي وَيُخْبِرُكُمْ.» (يوحنا ١٦ : ١٤).

الروح القدس لا يمجد ذاته أبداً، فهو يمجد يسوع، وهو لا يركّز على نفسه بل يركز على يسوع، فكل ما يفعله الروح القدس موجه بالكامل لتمجيد يسوع لهذا فأي شيء لا يمجد يسوع بالأساس فهو ليس من عمل الروح القدس، وهذه طريقة جيدة لكي نختبر ما هو آتٍ من الروح القدس أو من غيره.

الروح القدس يقدم لنا ميراثنا الأبدي

من مسئوليات الروح القدس أن يقدم لنا ميراثنا وهذه هي الحقيقة التالية التي أعلنها يسوع:

«كُلُّ مَا لِلآبِ هُوَ لِي. لِهذَا قُلْتُ إِنَّهُ يَأْخُذُ مِمَّا لِي وَيُخْبِرُكُمْ» (يوحنا ١٦ : ١٥).

كل ما هو للآب هو للابن، وكل ما هو للابن هو للآب، والروح القدس هو من يعلن ويقدم هذه كلها. تخبرنا الرسالة إلى (رومية ٨ : ١٧) **«فَإِنَّنَا وَرَثَةٌ أَيْضًا، وَرَثَةُ اللهِ وَوَارِثُونَ مَعَ الْمَسِيحِ»** ومن الناحية القانونية يمكننا أن نشارك يسوع المسيح في كل ميراثه، ولكن الشيء الهام الذي يجب أن نتذكره هو أن الروح القدس هو من

يقدم لنا ميراثنا، يقول يسوع: «لقد جعلت الروح القدس الوصي والمنفذ فلو أنك تريد الميراث اذهب إلى المنفذ والوَصيّ».

الـروح القـدس هــو المـسئول عــن المـيراث الكامـل لله

هذه النقطة واضحة تماماً في سفر (التكوين ٢٤) في قصة بحث إبراهيم عن زوجة لابنه اسحق، إبراهيم يمثل الله الآب واسحق يمثل يسوع المسيح الابن، ورفقة تمثل الكنيسة، وهناك شخص آخر في القصة وهو الخادم الذي يمثل الروح القدس، فلو أنك قرأت القصة لنفسك ستجد أنها تخبرك بوضوح أن كل ما يملكه كل من إبراهيم واسحق هو تحت سيطرة الخادم، فالخادم هو المسئول عن الميراث كله، وهكذا أيضاً الروح القدس هو المسئول عن الميراث الكامل الله.

إن السبب وراء غنىَ بعض المؤمنين فى النظريات وفقرهم فى الاختبارات هو أنهم قرأوا الوصية ولكنهم لم يتعرفوا على المنفذ والوصي القانوني، **فالروح القدس يأخذ كل شئ ينتمي للآب والابن ويعلنه وينقله لنا**، فلو أنك تخّطيْتَ الَوصّي والمنفذ فلن تستفيد من الوصّية بشيء.

لا يمكننا حَصْر المسيحية فى نوع من أنواع اللاهوت لأن اللاهوت هو الوصية، فيمكنك أن تمسك بالوصية في يدك للأبد ولا تحصل على شيء من ميراثك، فكلّما اقتربت من الروح القدس استمتعت بميراثك أكثر، ولكن لو لم تكن على علاقة سليمة بالروح القدس فستحيا مثل اليتيم في حين أنه ينبغي أن تحيا كابن للملك، فالميراث موجود ولكنك لن تستطيع التمتَع به.

قبول الروح الذي نفخه يسوع

والآن أود أن أناقش معنى قبول تلاميذ يسوع للروح الذي نفخه يسوع، ففي يوم قيامة يسوع ظهر للتلاميذ معاً:

«وَلَمَّا كَانَتْ عَشِيَّةُ ذلِكَ الْيَوْمِ، وَهُوَ أَوَّلُ الأُسْبُوعِ، وَكَانَتِ الأَبْوَابُ مُغَلَّقَةً حَيْثُ كَانَ التَّلاَمِيذُ مُجْتَمِعِينَ لِسَبَبِ الْخَوْفِ مِنَ الْيَهُودِ، جَاءَ يَسُوعُ وَوَقَفَ فِي الْوَسْطِ، وَقَالَ لَهُمْ: «سَلاَمٌ لَكُمْ!» وَلَمَّا قَالَ هذَا أَرَاهُمْ يَدَيْهِ وَجَنْبَهُ، فَفَرِحَ التَّلاَمِيذُ إِذْ رَأَوُا الرَّبَّ». (يوحنا ٢٠: ١٩ – ٢٠).

على الرغم من أن جسده قد تغير بطريقة رائعة إلا أنه ما زال يحمل العلامات الدّالة على صلبه كدليلٍ دامغ على حقيقية أنه هو نفس الشخص الذي رأوه يُصْلَبُ ويموت على الصليب فنقرأ:

«فَفَرِحَ التَّلاَمِيذُ إِذْ رَأَوُا الرَّبَّ.» (يوحنا ٢٠: ٢٠).

أني لمتأكد أن فرحاً رائعاً يفوق الوصف قد غَمَر قلوبهم عندما أدركوا حقيقة أن يسوع حي :

«فَقَالَ لَهُمْ يَسُوعُ أَيْضًا: «سَلاَمٌ لَكُمْ. كَمَا أَرْسَلَنِي الآبُ أُرْسِلُكُمْ أَنَا». وَلَمَّا قَالَ هذَا نَفَخَ وَقَالَ لَهُمْ: «اقْبَلُوا الرُّوحَ الْقُدُسَ». (يوحنا ٢٠: ٢١ – ٢٢).

إن الكلمة اليونانية التي تستخدم بمعنى «نفخ» هنا تستخدم في العلمانية اليونانية لعازف الفلوت الذي ينفخ بفمه في الفلوت لكي يصدر منه الموسيقى، والشخص الذي يعزف الفلوت أو أي آلة شبيهة لا يقف على مسافة بعيدة وينفخ في آلته، ولكنه يرفع الآلة ويثبتها إلي فمه وينفخ فيها، والآن يمكنني أن أثبت ذلك الأن، كما أنّى لا أحاول أن أثبته، ولكن المعنى الضمني الذي استقيته من هذا هو أن يسوع لم يقف لينفخ في التلاميذ جماعة ولكنه أتى لكل شخص منهم شخصياً ونفخ فيه.

في الفصل الأول من الخليقة الجديدة نفخ المسيح القائم في تلاميذه حياة القيامة

أعتقد أن الأمر حدث بهذه الطريقة لأن هذه هي الخليقة الجديدة وقد كانت نوعاً من أنواع الإعادة لخليقة الإنسان في الجنة، فقد انحنى الله ووضع شفتيه مقابل شفتي الطين ونفخ في آدم نسمة الحياة، وهكذا أيضاً فى الفصل الأول من الخليقة الجديدة لم ينفخ المسيح القائم في تلاميذه نفخة الحياة وحسب بل نفخة حياة القيامة.

أعتقد أن هناك فرقاً كبيراً بين نفخة الحياة التي قبلها آدم وبين النفخة التي قبلها التلاميذ، فهذه هي نفخة حياة تغلبت على الموت، وهي نفخة حياة أبدية، وهي نفخة حياة لن تُدَمَّر أو تفنى، حياة لا يمكن للخطية أو الموت أو الشيطان أو أي شيء آخر أن يتغلب أو ينتصر عليها. فقد نفخ فيهم نفخة حياة منتصرة تماماً، نفخ فيهم نفخة حياته وقال: «اقبلوا الروح القدس».

وفي اللغة اليونانية لا نجد أداة التعريف، تذكّرْ أن الكلمة التي تترجم إلى روح وهي كلمة «pneuma» تعني أيضاً نفخة أو ريح، لهذا ربما نترجم هذه الكلمة على أنها: «اقبلوا النفخة المقدسة»، وأعتقد أن أفعال يسوع تتماشى مع كلماته، فقد نفخ فيهم نفخة مقدسة، نفخة حياة القيامة الإلهية وخُلقوا من جديد، كانت هذه هي اللحظة التي خلقت فيها الخليقة الجديدة لأول مرة.

أعتقد أنه في ذلك الوقت حصل التلاميذ على ما يمكننا أن نطلق عليه خلاص العهد الجديد، تخبرنا رسالة «رومية ١٠ : ٩» أنه لكي نقبل خلاص العهد الجديد فلابد من القيام بشيئين: **عليك الاعتراف بيسوع رباً، وعليك أن تؤمن بقلبك أنّ الله أقامه من الأموات**، وبدون هاتين الخطوتين يمكنك أن تحصل على نوعية الخلاص التي حصلوا عليها في العهد القديم وهي ترفع ما كان المسيح سيشتريه، ولكن لا يمكنك أن تحصل على خلاص فِعْليّ، فعندما نفخ يسوع في تلاميذه كانت هذه ـ حسب اعتقادى ـ هي المرة الأولى التي آمنوا فيها بقلوبهم أن الله أقامه من الأموات.

قَبِل التلاميذ الروحَ القدس لا كشخصٍ بصفة أساسية ولكن كنفخة كحياة قيامة إلهية أبدية، وقبلوا المسيح المقام والروح الذي نفخه فيهم، ولكن لم تكن تلك الوعود التي أعطاها يسوع في كل إنجيل يوحنا والتي تتبعناها معاً قد تحققت بعد.

انسكاب الروح

تعد حقيقة أن وعد الروح القدس لم يتحقق بعد حقيقةً هامةً للغاية في فهمها، لأن بعد مضي أربعين يوماً ما زال يسوع يشير إلى تلك المواعيد على أنها ستحدث في المستقبل، دعونا نرجع إلى سفر الأعمال إلى الوقت الذي سبق صعود الرب يسوع للسماء

عندما أخبر تلاميذه :

«لأَنَّ يُوحَنَّا عَمَّدَ بِالْمَاءِ، وَأَمَّا أَنْتُمْ فَسَتَتَعَمَّدُونَ بِالرُّوحِ الْقُدُسِ، لَيْسَ بَعْدَ هذِهِ الأَيَّامِ بِكَثِيرٍ (أعمال ١ : ٥)

«لكِنَّكُمْ سَتَنَالُونَ قُوَّةً مَتَى حَلَّ الرُّوحُ الْقُدُسُ عَلَيْكُمْ،». (أعمال ١ : ٨).

يسجل لنا لوقا أيضاً فى إنجيله تلك التعليمات التي وجهها يسوع لتلاميذه قبل أن يصعد :

«وَهَا أَنَا أُرْسِلُ إِلَيْكُمْ مَوْعِدَ أَبِي. فَأَقِيمُوا فِي مَدِينَةِ أُورُشَلِيمَ إِلَى أَنْ تُلْبَسُوا قُوَّةً مِنَ الأَعَالِي» (لوقا ٢٤ : ٤٩).

في ذلك الوقت كانت المعمودية بالروح القدس لا تزال حدثاً في زمن المستقبل، فالكتاب المقدس يكشف أن إتمام هذا الوعد «لَيْسَ بَعْدَ هذِهِ الأَيَّامِ بِكَثِيرٍ» وهو الذي تحدث عنه يسوع في (أعمال ١ : ٥)، فبعد عشرة أيام وفي يوم الخمسين اختبر التلاميذ ما وعدهم يسوع به، تقريباً كل الدارسين للعهد الجديد سواء كانوا كاثوليك أو بروتستانت أو معمدانين أو خمسينيين اتفقوا على أن يوم الخمسين هو يوم إتمام الوعود التي أعطاها يسوع في إنجيل يوحنا وتحقيقها .

دعونا نلقي نظرة على هذا الاختبار كما يصفه لنا سفر (أعمال الرسل ٢) .

«**وَلَمَّا حَضَرَ يَوْمُ الْخَمْسِينَ كَانَ الْجَمِيعُ مَعًا بِنَفْسٍ وَاحِدَةٍ، وَصَارَ بَغْتَةً مِنَ السَّمَاءِ صَوْتٌ كَمَا مِنْ هُبُوبِ رِيحٍ عَاصِفَةٍ وَمَلأَ كُلَّ الْبَيْتِ حَيْثُ كَانُوا جَالِسِينَ، وَظَهَرَتْ لَهُمْ أَلْسِنَةٌ مُنْقَسِمَةٌ كَأَنَّهَا مِنْ نَارٍ وَاسْتَقَرَّتْ عَلَى كُلِّ وَاحِدٍ مِنْهُمْ. وَامْتَلأَ الْجَمِيعُ مِنَ الرُّوحِ الْقُدُسِ، وَابْتَدَأُوا يَتَكَلَّمُونَ بِأَلْسِنَةٍ أُخْرَى كَمَا أَعْطَاهُمُ الرُّوحُ أَنْ يَنْطِقُوا.**» **(أعمال ٢ : ١ – ٤).**

أوضح بطرس بعد فترة قصيرة للجموع المحتشدة : «**بَلْ هذَا مَا قِيلَ بِيُوئِيلَ النَّبِيِّ. يَقُولُ اللهُ : وَيَكُونُ فِي الأَيَّامِ الأَخِيرَةِ أَنِّي أَسْكُبُ مِنْ رُوحِي عَلَى كُلِّ بَشَرٍ**» **(أعمال ٢ : ١٦ – ١٧)**. تظهر لنا هذه الكلمات ما نتناوله هنا، فهذا هو الوعد، وقد شرح بطرس أن الروح القدس قد أُعطي لأن يسوع قد تمجّد :

«**فَيَسُوعُ هذَا أَقَامَهُ اللهُ، وَنَحْنُ جَمِيعًا شُهُودٌ لِذلِكَ. وَإِذِ ارْتَفَعَ بِيَمِينِ اللهِ، وَأَخَذَ مَوْعِدَ الرُّوحِ الْقُدُسِ مِنَ الآبِ، سَكَبَ هذَا الَّذِي أَنْتُمُ الآنَ تُبْصِرُونَهُ وَتَسْمَعُونَهُ.**» **(أعمال ٢ : ٣٢ – ٣٣).**

كان هذا هو ذروة كل تلك الوعود، وعندما تمّجد يسوع في السماء قَبِل من الآب الوعد بالروح القدس وبعدها سكب الروح القدس على التلاميذ المنتظرين، عندما نتحدث عن قبول معمودية الروح القدس فهذا هو نفس الاختبار الذي اختبره التلاميذ في يوم الخمسين.

الغَمْر والملء والتدفّق

ماذا نرى في اختبار التلاميذ الذي وصفناه سابقاً؟ بالقراءة التحليلية نجد ثلاثة أشياء: (١) غَمْر أو معمودية، و(٢) امتلاء و(٣) تدفق، أعتقد أن هذه هي حزمة الاتفاق، فيمكنك أن تأخذ البعض منها وتترك البعض الآخر ولكنك لن تحصل على ما اختبره التلاميذ.

اعتقد أن معمودية الروح القدس هي غمر، وهناك نوعان من الغمر، أطلق علي أحدهما غمر حمام السباحة والثانى غمر شلالات نياجرا، فمعمودية الماء هو الهبوط إلى والصعود من، وهذا هو غمر حمام السباحة، ومعمودية الروح القدس هي غمر شلالات نياجرا، فأتذكر في إحدى المرات أني كنت واقفاً أنظر إلى شلالات نياجرا حيث تسقط تلك الكميات العظيمة من المياه على صخرة، وفكرت في نفسي، لا يمكنك أن تظل تحت هذه المياه لمدة نصف ثانية دون أن تُغمر بالكامل، فهي تتدفق من أعلى إلي أسفل لتغُمرك وتحيط بك في كل مكان من الأصحاحات الخمسة عشر الأولى من سفر أعمال الرسل عندما يتكلم عن الروح القدس الذي يحل على الناس فإن اللغة المستخدمة تتضمن أنه يحل عليهم من آعلي.

إن معمودية الروح القدس هي غمر شلالات نياجرا، وهــي تأتي من فـوق إلي أسـفل لتغمـر المؤمـن مــن كـل اتجـاه

لهذا فإن ما حدث في يوم الخمسين كان غمراً ، فقد حلّ روح الله من السماء على أتباع يسوع وملأ البيت كله وحيث أن البيت قد امتلأ فقد غُمِر كلٌّ منهم شخصياً في حضور الروح القدس، وهذا أمر لا مفر منه.

ثانياً: يقول: «**وَامْتَلأَ الْجَمِيعُ مِنَ الرُّوحِ الْقُدُسِ**» (**أعمال ٢: ٤**)، فهو لم يُحِط بهم وحسب ولكنه حل فيهم وامتلأوا به من الداخل.

ثالثاً: بعد الامتـلاء يخبرنـا الكتاب المقـدس أنهـم: «**ابْتَـدَأُوا يَتَكَلَّمُونَ بِأَلْسِنَةٍ أُخْرَى**» (آية ٤)، هذا هو التدفق.

فتذكر أن (متى ١٢ : ٣٤) يقول: «**فَإِنَّهُ مِنْ فَضْلَةِ الْقَلْبِ يَتَكَلَّمُ الْفَمُ.**» عندما يمتلىء القلب ويفيض، فإنّ هذا الفيض يظهر من خلال الفم في الكلام، متى أدركو أنهم قد امتلأوا؟ عندما فاضوا، وحتى تلك اللحظة لم يكن لديهم طريقة لكي يقيسوا إلى أي «ارتفاع» وصل الملء، ولكن عندما فاض،عرفوا أنهم امتلأوا.

النموذج الكتابي

أعتقد أن هذا هو النموذج الكتابي لقبول معمودية الروح القدس، فاختباري هو أننا لو علّمْنا الناس هذا النموذج فهذا ما سيحصلون عليه، وإن علمناهم أقل منه فسيميل الناس إلى الحصول على الأقل، ولا أجد أي سبب يجعلنا نقلل مما يقدمه الله، أي الغمر والملء والفيض.

ربما لم تعتمد بعد بالروح القدس، و لكن لو اقتنعت في قلبك بأن هذا هو الاختبار الذي ستقبله، فستقبله، ففي اللحظة التي تؤمن فيها أن هذا سيحدث ستراه يحدث.

يسجّل الكتاب المقدس أن كثيرين ممن شهدوا نتائج فورية لمعمودية الروح القدس لم يدركوا ما يحدث، فبعضُ منا قد حصل على نفس الاختبار، وكما ذكرت من قبل فإنه في عام ١٩٤١ عندما كنت جندياً في الجيش البريطاني زارني الرب بطريقة معجزية في منتصف الليل في غرفتي، وأعلن يسوع نفسه لي وبعد حوالي عشرة أيام من هذه الزيارة اعتمدت بالروح القدس، وبدأت أتكلم بلسان غير معروف لأول مرة في غرفتي تلك.

عندما يمتلئ القلب إلى حد الفيض فإن الفيض يحدث من خلال الفم فى الكلام

وكان يشاركني الغرفة جندي آخر، وفي الليلة التي عرفت فيها الرب استيقظ ليجدني ملقىً على ظهري في منتصف الغرفة على الأرض، ودار حولي من على بعد وهو يهز رأسه ويقول: «لا أعرف ماذا أفعل معك، أعتقد أنه لن يفيدك أن أسكب الماء على رأسك».

في الليلة التي عمّدني فيها الله بالروح القدس كان هذا الجندي فى الخارج يرقص، وبعدما تكلمت بألسنة لما يقرب من عشر دقائق، وكنت غير متأكد من طبيعة هذا الأمر، سمعت وقع خطواته في الطرقة، وعلمت أنه قادم، وكنت أقول في نفسي: إن زميلي هذا يعتقد أني شخص غريب بالفعل، فلو دخل الأن ووجدني أتكلم بتلك اللغة الغريبة دون أي تفسير، فسيعقد أني شخص غريب الأطوار، لهذا قررت أن أوضح له ما يحدث.

وفعلاً لم أكن أعرف كيف سأشرح شيئاً لا أفهمه أنا نفسي، ولكن عندما بدأت أتكلم معه، لم استطع أن أتكلم بالإنجليزية بل شرحت له الأمر بلغة غير مفهومة، وأعتقد أنه ظنّ أني شخص غريب للغاية! ولكن لحسن الحظ كانت له جذور إغريقية، وكان يؤمن أنه يحق لكل شخص أن يمارس أموره بحُرّية، فلو أن هذا شأني فلا بأس، وهو اتجاه متسامح للغاية.

قبول الروح القـدس

أود أن أوضح لك الآن كيف يمكنك عملياً أن تعتمد بالروح القدس كمؤمن، أبسط طريقة أعرفها لوصف تلك العملية هو أن ترجع إلى الإصحاح السابع من إنجيل يوحنا:

«وَفِي الْيَوْمِ الأَخِيرِ الْعَظِيمِ مِنَ الْعِيدِ وَقَفَ يَسُوعُ وَنَادَى قَائِلاً: إِنْ عَطِشَ أَحَدٌ فَلْيُقْبِلْ إِلَيَّ وَيَشْرَبْ. مَنْ آمَنَ بِي، كَمَا قَالَ الْكِتَابُ، تَجْرِي مِنْ بَطْنِهِ أَنْهَارُ مَاءٍ حَيٍّ. قَالَ هذَا عَنِ الرُّوحِ الَّذِي كَانَ الْمُؤْمِنُونَ بِهِ مُزْمِعِينَ أَنْ يَقْبَلُوهُ، لأَنَّ الرُّوحَ الْقُدُسَ لَمْ يَكُنْ قَدْ أُعْطِيَ بَعْدُ، لأَنَّ يَسُوعَ لَمْ يَكُنْ قَدْ مُجِّدَ بَعْدُ.» (يوحنا ٧: ٣٧ - ٣٩)

في تلك الآيات من يوحنا وصف يسوع كيف نقبل المعمودية فيمكنك أن تقبلها إنَ وفَّيْتَ بالإيمان تلك المتطلبات البسيطة التي يريدها الرب.

كـن عَطِشـاً

قال يسوع: **«إِنْ عَطِشَ أَحَدٌ» (يوحنا ٧: ٣٧)**، إذا فالمطلب الأول هو أن تعطش، بمعنى آخر أن تشعر بأنك بحاجة إلى المزيد من الله أكثر مما لديك الآن، فليس عليك أن تكون دارساً للكتاب المقدس، وليس عليك أن تترك كنيسة، أو تنضم لكنيسة أو تقتبس من الآيات الكتابية أو تدفع العشور، **فمعمودية الروح القدس**

هي لهؤلاء الذين يشعرون بالعطش ، فلو أنك لست عطشاً فأنها مضيعة لوقتك أن تطلب معمودية الروح القدس ، ولكن ليس عليك أن تكون لاهوتياً أو خبيراً في الكتاب المقدس أو أن تكون إنساناً روحياً للغاية ، فكل ما عليك هو أن تعرف أنك بحاجة إلى المزيد من الله أكثر مما تملكه الآن .

كان العطش من الأشياء التي اعتدت عليها عندما كنت جندياً في الصحراء لأنه عادة ما تنفذ منا المياه وكان الجو حاراً ومليئاً بالأتربة ، واكتشفت أنه عندما تشعر بالعطش فأنت لا تريد إلا شيئاً واحداً هو أن تشرب ، فلن ترغب في الطعام ولن ترغب في المتعة ، ولن ترغب في النوم ولكنك تريد أن تشرب ، وهذا هو معنى أن تكون عطشاً .

تعال ليسوع

ثانياً : قال يسوع «فَلْيُقْبِلْ إِلَيَّ» (يوحنا ٧ : ٣٧) ، وهذا أمر بسيط للغاية ، فهناك شخص واحد فقط يعمّد بالروح القدس وهذا الشخص هو الرب يسوع المسيح ، فهذه هي خدمته المميزة : «فَهذَا هُوَ الَّذِي يُعَمِّدُ بِالرُّوحِ الْقُدُسِ» (يوحنا ١ : ٣٣) ، إن أردت هذه المعمودية فعليك أن تأتي إلى الشخص الذي يعمّد بها ، ولكن يسوع قال أيضاً : «وَمَنْ يُقْبِلْ إِلَيَّ لاَ أُخْرِجْهُ خَارِجًا» (يوحنا ٦ : ٣٧) ، لهذا فإنك لو أتيت له فسيقبلك .

هناك ثلاث أشياء يجب أن تفعلها لتقبل معمودية الروح القدس ألا وهي أن تعطش، وتقبل إلى يسوع وتشرب

اشـــرب

ثالثاً، قال يسوع: «وَيَشْرَبْ» **(يوحنا ٧ : ٣٧)**، وهنا يجد الناس مشكلة، فيشرب تعني أن تفعل الأمر طواعية بإراداتك، فتقبل الروح في داخلك، وهناك مَثّل شائع يقول: «يمكنك أن تقود حصاناً إلى المياه ولكن لا يمكنك أن تجعله يشرب»، فالشرب يحدث فقط بإرادة الشخص، فلا يمكن لشخص آخر أن يشرب لك، ولا يمكنك أن تشرب وفمك مغلق، ولا يوجد من قَبِلَ معمودية الروح القدس وفمه مغلق، فعليك أن تفتح فمك وتشرب، ولن تشرب مياهاً مرئية ولكن روح الله، قد تقول: «يبدو هذا سخيفاً»، حسناً، من يهتم بشكل الأمر؟ إن كنت تهتم بشكله فتعال ثانية عندما لا تكون مهتماً بشكل الأمر، فلم أر شخصاً بعد يفعل هذا دون أن يقبل الروح القدس.

هناك ثلاث خطوات ألا وهي أن تعطش، وتُقْبَل ليسوع، وتشرب، وعندما تقوم بدورك سيقوم الله بدوره، قال يسوع ما معناه: «عندما تشرب من الماء الحي في داخلك، فسيتحول إلى أنهار»، أليس هذا تحولاً جديراً بالملاحظة؟ فالشخص الذي كان مجرد إنسان يشعر

بالعطش أصبح نبعاً لأنهار المياه. «**تَجْرِي مِنْ بَطْنِهِ أَنْهَارُ مَاءٍ حَيٍّ**» (**يوحنا ٧: ٣٨**).

يتحول الشخص الذى أمتلأ بالروح القدس من مجرد شخص جاف يشعر بالعطش إلى نبع يفيض بأنهار الماء الحى للآخرين

عندما اعتمدت بالروح القدس، لم أشعر سوى بحقيقة أنّ الأمر قد بدأ من بطني، فيمكنني أن أضع يدي على المكان الذي بدأ منه الأمر فعلاً، وكنت أعتقد حينها أن بطني شيء دنيوي، وليست بمكان يمكن أن يبدأ منه أي شيء روحي، ولكن يسوع قال: «**تَجْرِي مِنْ بَطْنِهِ أَنْهَارُ مَاءٍ حَيٍّ**» (**يوحنا ٧: ٣٧**)، من ذلك الجزء الداخلي في جسدك في مكان ما في داخلك ستأتي أنهار الماء الحي، وأعتقد أن هناك مكاناً خاصاً في جسدك خلقه الله لهذا الغرض تحديداً ليكون هيكلاً للروح القدس، ومن هذه المنطقة ستتدفق أنهار الماء الحي.

هذا هو الفيض، مرة أخرى: «**فَإِنَّهُ مِنْ فَضْلَةِ الْقَلْب يَتَكَلَّمُ الْفَمُ.**» (**متى ١٢: ٣٤**)، امتلأ التلاميذ جميعاً بالروح القدس، وبدأوا يتكلّمون، وكان هذا امتلاءً خارقاً للطبيعة وتدفقاً خارقاً أيضاً للطبيعة، إذ تكلموا بلغات لم يعرفوها.

قـــام التلاميــذ بالكــلام والــروح القــدس أعطى اللغـة

عندما تصل إلى تلك المرحلة، أعرف من خبرتي أنك ستواجه مشكلتين، الأولى أنه ربما تميل إلى أن تقول: «حسناً أريد أن يقوم الله بالأمر برمته»، ولكن هذا لا يتماشى مع النموذج الذي يقدمه الكتاب المقدس، فالتلاميذ تكلّموا والروح القدس أعطاهم اللغة التي تكلموا بها، والروح القدس لن يقوم بعملية الكلام نيابة عنك، ولو انتظرت منه ذلك، فستنتظر للأبد.

قابلت شخصاً في كنيسة خمسينية انتظر خمساً وعشرين سنة للحصول على المعمودية، وقلت له: «إن بدأت تتكلم، فالروح القدس سيعطيك الكلمات»، ولكنه أجاب: «آه، لا. أريد أن يقوم الله بالأمر كله»، فقلت له: «حسناً، أنت تريد شيئاً لا يريده الله، فالله يريدك أن تقوم بدورك، وهو سيقوم بدوره، ولكن الله لن يقوم بدورك نيابة عنك».

ربما تميل للاعتقاد بأن هذا قوي للغاية وخارق للطبيعة لدرجة أنك لن تفعل شيئاً حتى ينفجر ولا يمكنك أن تحتمله، وهذا ليس صحيحاً، فعندما تتكلم فإن الروح القدس الرقيق والذي لا يرغمك على القيام بشيء سيعطيك الكلمات.

إن الأمر ليس مجرد مشاعر ولكنه مسألة إيمان في كلمة الله

تأتي المشكلة الثانية بعدما تتكلم بألسنة، وهذا لا يحدث للجميع، ولكنه يحدث لأكثر من نصف الناس تقريباً، تجد أن هناك صوتاً غير مسموع في مكان ما يقول: «هذا ليس حقيقياً، فأنت من يفعل هذا بنفسك». عندما يحدث هذا يجب أن يكون رد فعلك كما يلي: «أنت محق تماماً أيها الشيطان، وأنا أعلم أنه أنت الذي يتحدث، وأنا أتكلم ولكن الروح القدس هو الذي يعطيني الكلمات».

عندها ستجد أن الشيطان ربما يضيف شيئاً واحداً فقط: « إن تلك الكلمات تبدو سخيفة للغاية، كيف تعرف أنك تنطق بالشئ الصحيح؟» لا تُجِب عليه قائلاً: «لأني أشعر بشعور رائع» لأنك في الصباح التالي ربما تشعر بأنك أقل من رائع، وعندها ربما تتساءل هل قبلت الشيء السليم فعلاً، ولكن الإجابة عمّا إذا كان لديك الشئ السليم هي أن يسوع وعد أنك لو طلب من الآب أن يعطيك الروح القدس، فلن يعطيك أي شيء آخر سوى الروح القدس:

«أَمْ أَيُّ إِنْسَانٍ مِنْكُمْ إِذَا سَأَلَهُ ابْنُهُ خُبْزًا، يُعْطِيهِ حَجَرًا؟ وَإِنْ سَأَلَهُ سَمَكَةً، يُعْطِيهِ حَيَّةً؟ فَإِنْ كُنْتُمْ وَأَنْتُمْ أَشْرَارٌ تَعْرِفُونَ أَنْ تُعْطُوا أَوْلاَدَكُمْ عَطَايَا جَيِّدَةً، فَكَمْ بِالْحَرِيِّ أَبُوكُمُ الَّذِي فِي السَّمَاوَاتِ، يَهَبُ خَيْرَاتٍ لِلَّذِينَ يَسْأَلُونَهُ» (متى ٧ : ٩ – ١١).

«فَإِنْ كُنْتُمْ وَأَنْتُمْ أَشْرَارٌ تَعْرِفُونَ أَنْ تُعْطُوا أَوْلاَدَكُمْ عَطَايَا جَيِّدَةً، فَكَمْ بِالْحَرِيِّ الآبُ الَّذِي مِنَ السَّمَاءِ، يُعْطِي الرُّوحَ الْقُدُسَ لِلَّذِينَ يَسْأَلُونَهُ؟». (لوقا ١١ : ١٣).

لو أتيت إلى الله الآب بيسوع المسيح الابن وطلبت منه الروح القدس، فلن تقبل شيئاً خطأً، لهذا فإن ضمانك ليس فى مشاعرك ولكنه فيما قاله الله، فالأمر لا يعتمد على المشاعر، ولكنه مسألة إيمان بكلمة الله.

الجزء الثاني

الحياة في ملء الروح

الفصل السادس

القيادة بالروح القدس

في الفصل السابق ذكرت خمس خدمات للروح القدس ألا وهي المعلِّم والمذكِّر والمرشد والمعّلِن والمسئول، وفي هذا الفصل أودُّ التركيز على الخدمة التي يقدمها الروح القدس كمرشد.

دعونا نبدأ بإلقاء نظرة على (يوحنا ١٦ : ١٣) مرة أخرى: «**وَأَمَّا مَتَى جَاءَ ذَاكَ، رُوحُ الْحَقِّ، فَهُوَ يُرْشِدُكُمْ إِلَى جَمِيعِ الْحَقِّ**»، وهذا إعلان واضح من الكتاب المقدس أن الروح القدس سيأتي ليكون مرشدنا، وعندما نعتمد بالروح القدس يجب أن نتعلّم أن نُقَادَ بالروح وأن نحمل ثمار الروح بأن نحيا في النعمة التي أعطانا المسيح إياها.

النضوج المسيحي يعني أن نسمح للروح القدس أن يقودنـا بصفة منتظمة

في (رومية ٨ : ١٤) وهي آية هامة للغاية، حيث يعلّمنا بولس من خلالها كيف نوفّي متطلبات النضوج المسيحى لنصبح مؤمنين كاملين: «**لأَنَّ كُلَّ الَّذِينَ يَنْقَادُونَ بِرُوحِ اللهِ، فَأُولئِكَ هُمْ أَبْنَاءُ اللهِ**». وزمن الفعل هنا هو المضارع المستمر، بمعنى أن يكون هناك كثيرين يقودهم الروح القدس بصفة منتظمة وهؤلاء هم أولاد الله، وكلمة «أولاد» تشير إلى النضوج، فهي ليست الكلمة التى تشير للأطفال الصغار ولكن للابن الناضج، وبالطبع لكي نكون أولاد الله يجب أن نولد ثانية بروح الله، وقد تكلم يسوع عن هذا بوضوح في (يوحنا ٣)، ولكن بمجرد أن نولد ثانية يجب أن نكون باستمرار منقادين بروح الله لكي ننمو ونصبح ناضجين وكاملين.

المعمودية هي علاقة مستمرة مع الآب من خلال الابن بالروح القدس

والحقيقة المحزنة هي أنّ كثيراً من المؤمنين الذين وُلِدوا ثانية واعتمدوا بالروح القدس لم ينقادوا بالروح، وبالتالي لم يصلوا إلى حالة النضج ولم تظهر عليهم ملامح المؤمن الكامل الذى يريده الله، في الواقع بعض الناس الذين يتحدثون كثيراً عن الروح القدس يعرفون القليل عن الخضوع لقيادته، كنت خمسينياً لأكثر من

خمسين عاماً، وأشكر الله على الخمسنيين، وأدين بخلاصي لهم ولكن الناس الذين يقولون: «لقد اعتمدت بالروح القدس في عام ١٩٨٦ وتكلّمت بألسنة وهذا هو كل شئ» هم غالباً بعيدون عن لمسة الروح القدس اليوم، **فمعمودية الروح القدس ليست اختباراً يحدث مرة واحدة فقط ولكنه علاقة مستمرة بالآب من خلال الابن بالروح القدس.**

فهم الناموس مقابل النعمة

من بين أسباب عدم وصول بعض المؤمنين إلى مرحلة النضوج هو أنهم لم يفهموا أبداً معنى قبول بر المسيح، فقد وجدوا أنه من الصعب أن يسمحوا للروح القدس أن يقودهم لأنهم يتّكلون على أسلوب آخر في معرفة الطريق الذي يسلكوه.

> أن قدرتنا على أن نقاد بالروح القدس تعتمد على فهمنا لمسألة الناموس مقابل النعمة

يكشف لنا الكتاب المقدس عن طريقين بديلين لتحقيق البر مع الله، والتمييز بينهما هام للغاية، وهو موضوعٌ أساسيٌّ في العهد الجديد ومع ذلك فإنه وفقاً لملاحظتي فإن كثيراً من المؤمنين لا يولون اهتماماً كافياً لهذه المسألة الهامة، وهذان الأسلوبان هما الناموس

والنعمة ، يشرح الكتاب المقدس بوضوح أنهما أسلوبان لا يمكن الجمع بينهما ، فإن كنت تطلب الوصول للبر من خلال الناموس فلن تصل إليه بالنعمة ، ومن ناحية أخرى لو أردت تحقيق البر بالنعمة فلن تتمكّن من فعل هذا بحفظ الناموس .

وهذا الحق هام للغاية لأنه على الرغم من أنني أتحدث عن مجال محدود ومعروف لى في الكنسية المسيحية فإنني أرى أنّ معظم المؤمنين يحاولون أن يعيشوا جزءاً بالناموس وجزءاً بالنعمة ، وحقيقة الأمر هي أنهم لا يفهمون أياً منهما ، ومع ذلك فإن فَهْمَ كليهما أمر حيوي لكي نعلم كيف ننقاد بالروح القدس .

طبيعة الناموس

الناموس عبارة عن مجموعة من القواعد عليك أن تحفظها ، فإن حفظت كل القواعد طوال الوقت فقد أصبحت باراً ، ولكن النعمة من الناحية الأخرى شئ لا يمكنك أن تحصل عليه أو تحققه من خلال العمل ، فلو أنك تعمل لأجل الحصول على شيء ما أو تسعى لتحقيقه فهذا ليس نعمة ، فالنعمة نقبلها من الله بطريقة واحدة فقط ، تخبرنا (أفسس٢ : ٨) «لأَنَّكُمْ بِالنِّعْمَةِ مُخَلَّصُونَ، بِالإِيمَانِ، وَذلِكَ لَيْسَ مِنْكُمْ. هُوَ عَطِيَّةُ اللهِ»، فالنعمة تأتي بالإيمان والبر هو النتيجة .

وبالتالي إن أردت أن تحقق البر وإن أردت أن تصل إلى النضوج الذي من الله فعليك أن تقرر ما إن كنت ستفعل هذا بالناموس أم بالنعمة، ولو أنك اتبعت وصّية الكتاب المقدس، فلن تحاول أن تفعل ذلك بالناموس لأن الكتاب المقدس يخبرنا أنه لا يوجد أي شخص يمكنه أن يحقق البر مع الله بحفظ الناموس. ولكي نفهم سبب ذلك علينا أن ننظر إلى بعض متطلبات الناموس، فالمبدأ الأساسي الذي يجب أن تفهمه جيداً هو هذا: لكي تكون باراً بحفظ الناموس عليك أن تحفظ كل الناموس، طوال الوقت، فلا يكفي أن تحفظ كل الناموس طوال الوقت أو بعض الناموس لكل الوقت، فلو أنك لا تحفظ الناموس كاملاً و باستمرار فلا يمكن للناموس أن يجعلك باراً.

> يحاول كثير من المؤمنين أن يحيــوا
> جزئياً بالناموس وجزئياً بالنعمة لأنهم
> لا يفهمون أياً من الناموس أو النعمة

أوضـح بولس هذا المفهوم في الرسالة إلى غلاطية، «لأَنَّ جَمِيعَ الَّذِينَ هُمْ مِنْ أَعْمَالِ النَّامُوسِ هُمْ تَحْتَ لَعْنَةٍ، لأَنَّهُ مَكْتُوبٌ مَلْعُونٌ كُلُّ مَنْ لاَ يَثْبُتُ فِي جَمِيعِ مَا هُوَ مَكْتُوبٌ فِي كِتَابِ النَّامُوسِ لِيَعْمَلَ بِهِ» (غلاطية ٣: ١٠)، وبالمثل أيضاً كتب يعقوب:

«لأَنَّ مَنْ حَفِظَ كُلَّ النَّامُوسِ، وَإِنَّمَا عَثَرَ فِي وَاحِدَةٍ، فَقَدْ صَارَ مُجْرِمًا فِي الْكُلِّ. لأَنَّ الَّذِي قَالَ: «لاَ تَزْنِ»، قَالَ أَيْضًا: «لاَ تَقْتُلْ». فَإِنْ لَمْ تَزْنِ وَلكِنْ قَتَلْتَ، فَقَدْ صِرْتَ مُتَعَدِّيًا النَّامُوسَ» (يعقوب ٢: ١٠ – ١١)

لهذا إن أردت أن تقبل البركة وتتجنب اللعنة فعليك أن تستمر في فعل كل الأشياء المذكورة في الناموس طوال الوقت، ليس بإمكانك ان تحفظ الوصايا التي تعتقد أنها مهمة فقط وتقول: «سأحافظ على هذه المجموعة من الوصايا ولن أحافظ على الوصايا الأخرى»، ولكن عليك أن تحفظ كل وصية على حده وإلا لن يكون الناموس مفيداً بالنسبة لك كوسيلة لتحقيق البر.

يخبرنا الكتاب المقدس أنه لا يوجد من نجح في حفظ الناموس كاملاً، وهذه الحقيقة واضحة تماماً في الكثير من المقاطع والأجزاء الكتابية، دعونا نلقي نظرة على اثنين منها.

تخبرنا (رومية ٣: ٢٠) «لأَنَّهُ بِأَعْمَالِ النَّامُوسِ كُلُّ ذِي جَسَدٍ لاَ يَتَبَرَّرُ أَمَامَهُ. لأَنَّ بِالنَّامُوسِ مَعْرِفَةَ الْخَطِيَّةِ.» كان بولس يقول إنه لا يوجد أي إنسان سيحقق البر في نظر الله بحفظ الناموس.

ربما تجادل قائلاً: «إذن لماذا أعطى الله الناموس لموسى؟» فى الحقيقة إن الله لم يعط الناموس لكي يجعل أي شخص باراً، فأحد الأغراض التي أعطى لأجلها الله الناموس هو أن يظهر لنا حاجتنا إلى الخلاص،

والهدف الثاني هو أن يظهر لنا أنه لا يمكننا أن نخلّص أنفسنا.

«لأَنَّهُ لَمَّا كُنَّا فِي الْجَسَدِ كَانَتْ أَهْوَاءُ الْخَطَايَا الَّتِي بِالنَّامُوسِ تَعْمَلُ فِي أَعْضَائِنَا، لِكَيْ نُثْمِرَ لِلْمَوْتِ» (رومية ٧ : ٥).

هذا قول مذهل لأنه يقول أن الناموس يثير أهواء الخطايا وهو ما يشير له بولس عندما قال: **«وَقُوَّةُ الْخَطِيَّةِ هِيَ النَّامُوسُ» (١ كورنثوس ١٥ : ٥٦)**. فالناموس لم يمنعنا عن فعل الخطية بل يثير فينا الخطية، عندما صدقت عليّ الكنيسة الإنجليكانية في سن الخامسة عشر، أدركت لأول مرة أني بحاجة إلى أن أكون أفضل بكثير مما أنا عليه، ولهذا تعّلمتُ كل الأسئلة، وحفظت كل الإجابات وقلت: «هكذا فإنه قد تم التصديق علي، وسأكون أفضل»، وكنت صادقاً للغاية في الأمر، المشكلة هي أنه كلما حاولت بجد أن أكون أفضل أسرعت في أن أكون أسوأ، لم أكن بهذا السوء إلى أن حاولت أن أكون جيداً، لأن هناك شيئاً ما قد أثير في داخلي، لم أعرف ما هو هذا الشئ في ذلك الوقت، ولكنه كان ما يدعوه بولس الإنسان العتيق، المتمرد، الجسد، **فعندما تحاول فعلاً أن تفعل الصواب بقوتك تدرك أنه لا يمكنك أن تفعل هذا فكلما حاولت بجد أكثر كلما حققت نجاح أقل.**

يعتقد الناس خطئاً أن كل الأمور ستكون على ما يرام لو أنهم حفظوا كثيراً من الناموس بعض الوقت

أما الغرض الثالث من الناموس فهو يظهر ويتنبأ بالمخلّص الذي سيكون قادراً أن يخلصنا.

أوضح بولس الغرض من الناموس عندما كتب: «**إِذًا قَدْ كَانَ النَّامُوسُ مُؤَدِّبَنَا إِلَى الْمَسِيحِ، لِكَيْ نَتَبَرَّرَ بِالإِيمَانِ.**» (غلاطية ٣: ٢٤)، فالكلمة اليونانية التي تُرجمت إلى «مؤَّدب» هي كلمة «paidagogos» وهي الكلمة التي اشتقت منها كلمة «pedagogue»، والكلمة في الأصل تشير إلى عبدٍ قديم في منزل رجل غني، يكون مسئولاً عن الأطفال في سنواتهم الأولى، فيقوم بعملين أولهما هو أن يعلّم الأطفال المبادئ الأساسية في التعليم (مثل الحروف الأبجدية والطاعة والصواب والخطأ)، ثم عندما يتخطّى الأطفال هذه المرحلة فوظيفته هي أن يقودهم في الطريق ويوصلهم إلى المعلم الحقيقي في المدرسة الحقيقية.

أعطانا الله الناموس لاليجعل أياً منا باراً بل لكي يظهر لنا حاجتنا إلى أن نخلص

وهكذا فإن الناموس يعلّمنا العناصر الأساسية للبر، ولكنه أيضاً يقودنا إلى المدرسة حيث يمكننا أن نتعلم الدرس الحقيقي الذي هو المسيح، وهذا تشبيه توضيحي مفعم بالحيوية.

قال بولس في (**غلاطية ٢ : ١٦**) «**إِذْ نَعْلَمُ أَنَّ الإِنْسَانَ لاَ يَتَبَرَّرُ بِأَعْمَالِ النَّامُوسِ**،» والسؤال هو هل تعرف يا صديقي العزيز حقاً أن...

«إِذْ نَعْلَمُ أَنَّ الإِنْسَانَ لاَ يَتَبَرَّرُ بِأَعْمَالِ النَّامُوسِ، بَلْ بِإِيمَانِ يَسُوعَ الْمَسِيحِ، آمَنَّا نَحْنُ أَيْضًا بِيَسُوعَ الْمَسِيحِ، لِنَتَبَرَّرَ بِإِيمَانِ يَسُوعَ لاَ بِأَعْمَالِ النَّامُوسِ. لأَنَّهُ بِأَعْمَالِ النَّامُوسِ لاَ يَتَبَرَّرُ جَسَدٌ مَا» (غلاطية ٢ : ١٦).

لقد آمنا بالمسيح حتى نصبح أبراراً بالمسيح بالإيمان، لا بحفظ أعمال الناموس، عندما نرجع إلى الإصحاح الثالث من غلاطية يقول بولس: «**وَلكِنْ أَنْ لَيْسَ أَحَدٌ يَتَبَرَّرُ بِالنَّامُوسِ عِنْدَ اللهِ فَظَاهِرٌ، لأَنَّ «الْبَارَّ بِالإِيمَانِ يَحْيَا»**. (**غلاطية ٣ : ١١**)، والبديل عن أن نحيا بالناموس هو أن نحيا بالإيمان، فعندما نحيا بالإيمان يمكننا أن نثق بأن الروح القدس هو مرشدنا ونسمح له أن يقودنا.

كما أشرت سابقاً فإن معظم المؤمنين لا يحيون بالإيمان، فهم يحيون حياة «متأرجحة» في منتصف الطريق ما بين الناموس من

ناحية والنعمة من ناحية أخرى، وعادة ما يحصلون على الأسوأ من كلا الطرفين، ومع ذلك فالواقع هو أننا قد هربنا من سيطرة الناموس بموت يسوع ونحن الآن أحرار لكي يقودنا الروح القدس.

كتب بولس:

«**إِذًا يَا إِخْوَتِي أَنْتُمْ أَيْضًا قَدْ مُتُّمْ لِلنَّامُوسِ بِجَسَدِ الْمَسِيحِ، لِكَيْ تَصِيرُوا لآخَرَ، لِلَّذِي قَدْ أُقِيمَ مِنَ الأَمْوَاتِ لِنُثْمِرَ لِلَّهِ**» **(رومية ٧ : ٤).**

كان بولس يقول أن حياتك تحت الناموس تشبه عقد زواج يربطك بطبيعتك الجسدية، فلا يهم كم تحاول أن تحفظ الناموس، فلن تنجح لأن التمرد الذي في داخلك لن يسمح لك

أن تفعل الصواب ولكن الخبر السار هو أن يسوع عندما مات على الصليب فقد وضع طبيعتنا الجسدية معه لتموت، حيث كتب بولس: «**أَنَّ إِنْسَانَنَا الْعَتِيقَ قَدْ صُلِبَ مَعَهُ لِيُبْطَلَ جَسَدُ الْخَطِيَّةِ، كَيْ لاَ نَعُودَ نُسْتَعْبَدُ أَيْضًا لِلْخَطِيَّةِ. لأَنَّ الَّذِي مَاتَ قَدْ تَبَرَّأَ مِنَ الْخَطِيَّةِ.**» **(رومية ٦ : ٦ – ٧).**

«**وَأَمَّا الآنَ فَقَدْ تَحَرَّرْنَا مِنَ النَّامُوسِ، إِذْ مَاتَ الَّذِي كُنَّا مُمْسَكِينَ فِيهِ، حَتَّى نَعْبُدَ بِجِدَّةِ الرُّوحِ لاَ بِعِتْقِ الْحَرْفِ.**» **(رومية ٧ : ٦).**

الناموس سيثبت إلى الأبد لأنه جزء من كلمة الله وكلمة الله لن تسقط أبداً، ولكن المسيح وضع نهاية للناموس: «**لأَنَّ غَايَةَ**

النَّامُوسِ هِيَ: الْمَسِيحُ لِلْبِرِّ لِكُلِّ مَنْ يُؤْمِنُ.» (رومية ١٠ : ٤).

والآن بما أن الجسد قد وُضع للموت، أو صدر ضده حكم الموت قال بولس إننا الآن أحـرار لكي ندخـل في نـوع مختلف من أنوع الاتحاد، ألا وهـو الاتحاد مع المسيح المقام من خلال الروح القدس «لِكَيْ تَصِيـرُوا لآخَـرَ، لِلَّـذِي قَدْ أُقِيـمَ مِنَ الأَمْـوَاتِ لِنُثْمِـرَ لِلّٰهِ.» (رومية ٧ : ٤).

الأخبــار الســارة هــى أننــا هـربنــا من سـيطرة الناموس بموت يســوع

عندما نتزوج بالجسد، فإننا نجلب نسلاً بالجسد، ولكن عندما نتحد بالمسيح المُقام بالروح القدس، فإننا نحمل ثمار بره، أي ثمار الروح القدس، **بمعنى أَنَّ الأمر لم يعد مرتبطاً بما نحاول أن نفعله بل بما نحن متحدين معه وهو ما يحدد الأسلوب الذي نحيا به، وهذا هو جوهر رسالة المسيحية، فما دمت تحاول أن تكون صالحاً وتفعل الصواب؛ فأنت لم تَعِ هذه الرسالة، ولكن عندما تتحد بالمسيح وتحيا في هذه الوحدة عندها ستنقاد بالروح القدس.**

طبيعة النعمة

في اللحظة التي ندرك فبها أننا مصابون بالمرض الذى لا يُرجَى شفاؤه وهو مرض الخطية، فإننا سنرغب فعلاً في العلاج، فعليك أولاً أن تصل إلى تلك المرحلة إذا كنت بالفعل راغباً فى قبول طريق الله للبر الذى هو النعمة وليس الناموس.

عندما تتحد بالمسيح وتحيا في هذه الوحدة عندها يمكنك أن تنقاد بالروح القدس

النعمة هي صلاح الله الذي لا نستحقه، يَجِدُ المتدينون صعوبة فى قبول نعمة الله لأنهم يعتقدون أن «عليّ أن أفعل شيئاً لكي أحصل عليها» عندما خَلصتُ توقفت عن أن أكون شخصاً متديناً، لهذا اقتحمت الأمر وحصلت على كل شئ، فقد حصلت على الخلاص واعتمدت بالروح القدس وقبلت مواهب الروح في خلال أسبوع، ومع ذلك كان هناك جندي آخر ذهب معي إلى نفس الاجتماع ولكنه كان من النوع المتدين للغاية، لهذا استغرق منه الأمر أسابيع لكي يحصل على ما حصلت عليه في غضون أيام قليلة لأنه ظل يحاول أن يحصل على الأمر بمجهوده، واعتقدَ أنّ عليه أن يكون صالحاً بالدرجة الكافية حتى يقبله.

تحدثت مع أعداد غفيرة من الناس الذين لم يقبلوا معمودية الروح القدس لأنهم يعتقدوا أنّ عليهم أن يكونوا صالحين بالدرجة الكافية لكي يقبلوا هذه المعمودية، لن تكون صالحاً أبداً بالدرجة التي تؤهلك للحصول على المعمودية، فلا يوجد شئ يمكنك أن تفعله لتصبح صالحاً بالدرجة الكافية لأقنوم الروح القدس حتى يأتي ويسكن في جسدك المادي هذا، بل يجب أن تفهم حقاً أن النعمة ليست شيئاً تحصل عليه بمجهودك، فنحن نتحدث عن ذلك الشيء الذي لو أن الله لم يختر أن يفعله فلن يحدث أبداً، ولن نفهم أبداً نعمة الله ولكن يمكننا أن نقبلها.

نحيا بالناموس أم بالنعمة

أن النقطة الحاسمة في مناقشتنا هي أنه عليك أن تختار إما أن تحيا بالناموس أو بالنعمة، فلا يمكنك أن تحيا بكليهما، كان بولس يتكلم إلى أناس قبلوا نعمة الله عندما قال: «**فَإِنَّ الْخَطِيَّةَ لَنْ تَسُودَكُمْ، لأَنَّكُمْ لَسْتُمْ تَحْتَ النَّامُوسِ بَلْ تَحْتَ النِّعْمَةِ.**» (رومية ٦: ١٤)، هناك الكثير من العلاقات المتبادلة بين رومية وغلاطية في هذا الشأن، فتخبرنا رسالة (غلاطية ٥: ١٨) «**وَلكِنْ إِذَا انْقَدْتُمْ بِالرُّوحِ فَلَسْتُمْ تَحْتَ النَّامُوسِ.**»، لاحظ أن الناموس والنعمة نقيضان يحل أحدهما محل الآخر، فإن كنت تحت الناموس فلست تحت النعمة، إن كنت تحت النعمة فأنت لست تحت الناموس.

قال بولس أن الخطية لن تسودك لأنك لست تحت الناموس، وما هو المعنى الضمني وراء هذه الكلمات؟ لو أنك تحت الناموس فسوف يكون للخطية سلطان عليك، هل تفهم هذا الأمر؟ هذه آية هامة للغاية، وهي تعلمنا أمرين، **الأول: هو أننا إن حاولنا تحقيق البر بالناموس فسيكون للخطية سيادة علينا والثانى: هو إن كنا نريد الوصول إلى البر من خلال النعمة، فلا يمكننا أن نحقق ذلك بالناموس.**

من فضلة القلب تنبع الحياة فعندما يكون ناموس الله في قلبك فستحيا بأسلوب الله

دعونا نلقي نظرة أخرى على (رومية ٨ : ١٤) والتي ناقشناها في بداية هذا الفصل: «**لأَنَّ كُلَّ الَّذِينَ يَنْقَادُونَ بِرُوحِ اللهِ، فَأُولئِكَ هُمْ أَبْنَاءُ اللهِ**»، كيف يمكننا أن نحيا كأبناء لله؟ هل بتطبيق مجموعة من القواعد؟ لا بل بأن نقاد بالروح القدس؟ فهذا هو السبيل الوحيد الذي يمكننا أن نحيا به كأولاد ناضجين وبالغين.

بالنسبة لمعظم المؤمنين فإن الناموس أو مجموعة القواعد هي عبارة عن دعامة، فهم يسيرون على عكاز ويدعمون أنفسهم بها، والله

يقول : «ألقوا هذه الدعامة بعيداً وثقوا بي»، وهم يسألون أنفسهم : «ولكن ماذا سأفعل بعكازي؟» فقد اكتشفت أن الناس يخافون من الثقة بنعمة الله ومن تكريس أنفسهم لهذه النعمة .

في الرسالة الثانية إلى كنيسة كورنثوس كتب بولس إلى المؤمنين هناك : «ظَاهِرِينَ أَنَّكُمْ رِسَالَةُ الْمَسِيحِ، مَخْدُومَةً مِنَّا، مَكْتُوبَةً لاَ بِحِبْرٍ بَلْ بِرُوحِ اللهِ الْحَيِّ، لاَ فِي أَلْوَاحٍ حَجَرِيَّةٍ بَلْ فِي أَلْوَاحِ قَلْبٍ لَحْمِيَّةٍ.» (٢ كورنثوس ٣ : ٣) .

يخبرنا سفر (الأمثال ٤ : ٢٣) «فَوْقَ كُلِّ تَحَفُّظٍ احْفَظْ قَلْبَكَ، لأَنَّ مِنْهُ مَخَارِجَ الْحَيَاةِ» ، عندما يكون ناموس الله في قلبك فستحيا بأسلوب الله .

تعد قضية النعمة مقابل الناموس قضية حقيقية جداً بالنسبة لي، لأنني عانيتُ منها كثيراً، فقد عملت بجد لكي أكون شخصاً أكثر تديناً، وشعرت بالإحباط الشديد لأني لم أعرف ماذا أفعل، ولكني تعلمت أن هذا جزء من مجموعة خطوات تصنع المؤمن وتعلمنا أن نتكل على الروح القدس، وبالتالي أود أن أسوق لك مثالين لكي أجعل من مسألة الإنقياد بالروح القدس مسألة أكثر حيوية ووضوحاً بالنسبة لك .

مثالان عن الناموس والنعمة

رفقة وخادم إبراهيم

في فصل سابق تحدثنا باختصار عن أبراهيم وكيف أرسل خادمه لكي يجد عروساً لابنه اسحق من بين أقربائه في أرام النهرين (Mesopotamia) ، هذا حدث تاريخي ولكنه أيضاً مثال لنا ، مرة أخرى إبراهيم في هذا المثال رمز لله الآب ، واسحق يمثل يسوع المسيح ، الابن الوحيد ، ورفقة العروس المختارة تمثل الكنيسة ، والشخصية الهامة الأخرى هي شخصية خادم إبراهيم أو وكيل أعماله الذي يمثل الروح القدس .

خرج هذا الوكيل آخذا عشرة جمال محملة بكل أنواع الأمتعة والهدايا لأنه سيذهب لاختيار العروس ، وفي الشرق الأوسط عندما يكون عليك أن تُقْدِم على مثل هذا الاختيار وتدخل في علاقة بهذا الشكل فعليك دائماً أن تقدم الهدايا ، ولو قبلت مثل تلك الهدية فقد قُبِل الشخص الذي يقدمها ، وإن رُفِضَتْ فقد رُفِضَ من يقدمها ، فتقديم الهدية هو لحظة حاسمة وهامة للغاية .

يعلمنا تمييز النعمة من الناموس
أن نتكل على الروح القدس

عشت فترة في الشرق الأوسط ودعني أقول لك أن الجمال يمكن على حمل الكثير، فهي قادرة أن تحمل كمية كبيرة للغاية وضخمة من الأمتعة، وقد كان لذلك الخادم عشرة جمال، ووصل إلى المنطقة التي عاش فيها إبراهيم ووقف عند البئر، وصلى لله قائلاً: **«هَا أَنَا وَاقِفٌ عَلَى عَيْنِ الْمَاءِ، وَبَنَاتُ أَهْلِ الْمَدِينَةِ خَارِجَاتٌ لِيَسْتَقِينَ مَاءً. فَلْيَكُنْ أَنَّ الْفَتَاةَ الَّتِي أَقُولُ لَهَا: أَمِيلِي جَرَّتَكِ لأَشْرَبَ، فَتَقُولَ: اشْرَبْ وَأَنَا أَسْقِي جِمَالَكَ أَيْضًا، هِيَ الَّتِي عَيَّنْتَهَا لِعَبْدِكَ إِسْحَاقَ. وَبِهَا أَعْلَمُ أَنَّكَ صَنَعْتَ لُطْفًا إِلَى سَيِّدِي». (تكوين ٢٤: ١٣ - ١٤).**

إن رفضــت الهديــة فأنــت بهـذا ترفـض الشـخص الذي يقـدمـها

يجب أن نتذكر أن الجمل يمكنه أن يشرب أربعين جالوناً من المياه، ولهذا فإن الكمية التي يحتاجها عشرة جمال هي أربعمائة جالون من المياه.

حسناً، أقبلت رفقة وقال لها العبد: «من فضلك أعطني ماء لأشرب»، فقالت له «بالتأكيد، وسأستقي لجمالك أيضاً» دعني أخبرك أن هذا مثال للإيمان مع الأعمال! فقد قال العبد لنفسه هذه هي الفتاة المطلوبة، وأخرج المجوهرات الجميلة وأعطاها إياها، وفي

اللحظة التي ارتدت فيها تلك المجوهرات أصبحت هذه هي العلامة على أنها العروس المعينة من قبل الرب، ماذا كان سيحدث لو أنها رفضت تلك الهدايا الذهبية؟ لم تكن لتصبح هى العروس أبداً انظر (الآيات من ١٥ – ٢٢).

عندما كان خادم إبراهيم مستعداً لكي يعود لموطنه، سألت العائلة رفقة:

«هَلْ تَذْهَبِينَ مَعَ هذَا الرَّجُلِ.... فَقَامَتْ رِفْقَةُ وَفَتَيَاتُهَا وَرَكِبْنَ عَلَى الْجِمَالِ وَتَبِعْنَ الرَّجُلَ.» (تكوين ٢٤: ٥٨، ٦١).

أودُّ أن أوضح لك أن رفقة لم يكن لديها خريطة، فلم تذهب من قبل إلي المكان الذى هي متجهة إليه، ولم تر الرجل الذي كانت سترتبط به، ولم تر أباه، فمصدر معلوماتها الوحيد هو ذلك الوكيل، كان هو مرشدها وقد وثقت به وأيقنت أنه سيوصلها إلى عريسها.

الاختيار ما بين الخريطة والقيادة

المثال الثاني هو عن شاب يحتاج أن يعرف طريقه إلى بلد بعيد كان عليه أن يسافر إليه، وكان لديه اختياران، إمّا استخدام الخريطة وإمّا أن يكون لديه مرشد شخصي، والخريطة هي الناموس، وهي رائعة، فكل ما تحتويه فيها سليم تماماً، وكل علامة من العلامات الجغرفية موضوعة في مكانها السليم، أمّا المرشد الشخصي فهو الروح القدس.

كان هذا الشاب قد تخرج لتوه من الجامعة، وهو قوي وماهر ويعتمد علي ذاته جداً، وسأله الله: «ماذا تريد؟ هل تريد الخريطة أم المرشد؟» فيقول: «أنا ماهر في قراءة الخرائط، لهذا سأستخدم الخريطة»، ويتجه إلى الطريق عالماً الاتجاه السليم الذي سيتجه له، فالشمس مشرقة والطيور تغرد، وهو يشعر بالسعادة، فيقول: «الأمر سهل للغاية».

وبعد مضي ثلاثة أيام وفي قلب أحدا الأدغال، وقد أنتصف الليل والمطر يهطل بغزارة وهو على حافة جرف، ولا يعرف ما إذا كان هو في اتجاه الشمال، أو الجنوب، أو الشرق، أو الغرب، ثم يقول له صوت لطيف: «هل يمكنني أن أساعدك، ويقول: «أيها الروح القدس أنا احتاجك»، فيقول الروح القدس: «أعطني يدك وسأنقذك من ذلك»، وبسرعة يَشُقّان طريقهما مرة أخرى ويسيران جنباً إلى جنب.

يعـرف الـروح القـدس الطـريق
لأنه هو الذى رسـم الخريطـة لهذا

ثم بعد قليلٍ يقول الشاب! لقد كنت أحمق للغاية لأني كنت مذعوراً جداً فيماً يتعلق بهذه الأدغال، فقد كان بإمكاني أن

أسير بمفردي، ثم يلتفت إلى نفسه ويقول: «يمكنني أن أفعل هذا بنفسي»، فلا يرى المرشد مرة أخرى، ويبدأ رحلته من جديد، وبعد مضي يومين، يجد نفسه وسط مستنقع، ومع كل خطوة يخطوها يغوص أكثر فأكثر، وهو لا يعرف ماذا يفعل، ولكنه يفكر في نفسه قائلاً: «لا يمكنني أن أطلب المساعدة مرة أخرى، ففي المرة الأخيرة التي حصلت فيها على المساعدة لم أفعل الصواب، ولكن عندها يقول له الروح القدس: «دعني أساعدك»، ثم يعودان إلى الطريق السليم مرة أخرى.

متى نحيا بالنعمة بدلاً من الناموس ونسمح للروح أن يرشدنا؟

إنهما يحرزان تقدماً وعندها يفكر الشاب في نفسه قائلاً: «ما زالت الخريطة معي»، فيخرج الخريطة ويقول للروح القدس: «ربما تود أن تستخدم الخريطة، فيجيب الروح القدس: «شكراً ولكني أعرف الطريق، ولست بحاجة للخريطة، وفي حقيقة الأمر أنا من وضعت هذه الخريطة».

وسؤالي هذا أوجهه لي ولك أيضاً: كم عدد المرات التي سنرجع فيها مرة أخرى لنثق في حكمتنا أو مهارتنا ونزجر الروح

القدس؟ متى سنحيا بالنعمة لا بالناموس ونسمح للروح القدس أن يرشدنا .

إنّ كلاً من رفقة والشاب في هذين المثالين يشكّلان رمزين لنا ، فيمكننا أن نصل إلى وجهتنا إن وثقنا بالروح القدس مرشدنا ، فالروح القدس هو مصدر معلوماتنا ، وهو من يقدم لنا ميراثنا الأبدي ، وهو من سيخبرنا بما يجب أن نتوقعه ، كما أنه سيعطينا كل ما نحتاج .

الفصل السابع
الخضوع للروح القدس

إلى جانب استيعاب الفرق بين الحياة بالناموس والحياة بالنعمة يجب أن نعي تماماً الطبيعة الجديدة التي نحصل عليها في المسيح، فبهذا يمكننا أن نحيا ونسلك بالروح كما يريد الله .

فكثيرون ممن اعتمدوا بالروح القدس والذين يقولون أن الروح القدس يسكن فيهم لا يحيون بالروح، أعرف أناساً اعتمدوا بالروح ولكن من الواضح جداً أنهم يعيشون بحسب الجسد معظم الوقت، فهم غير مسرورين وجسديين ويفتقرون للإيمان والمحبة وغيرها من صفات الروح، فلو أننا أمناء تجاه الأمر فسنصارع بدرجات مختلفة مع قضية الجسد مقابل الروح، ومع ذلك فإن الله قد قدم لنا الحل .

طبيعتنا المتمردة قد حُكم عليها بالموت

تعلمنا في الفصل السابق أن الناموس يوقظ طبيعتنا الجسدية وأننا نحتاج إلى الحياة بالنعمة، ومع ذلك فما زال بعضنا مقتنعاً

تماماً بأننا لازلنا «متزوجين» بطبيعتنا الجسدية وبالتالي فنجد أنه من الصعب أن نحيا في ملء الروح.

نعرف أن كلاً منا مولود بطبيعة متمردة أو «**الإنسان العتيق**» (رومية ٦ : ٦)، وأن هذه الطبيعة هي أصل مشكلاتنا، على الصليب، جعل يسوع نفسه واحداً بإرادة الآب مع تلك الطبيعة المتمردة وقد حكم على الإنسان العتيق فيه، والله لا يحاول اصلاح الإنسان العتيق ولا يحاول جعله متديناً من خلال برامج كنسيّة أو تعليم الكتاب المقدس. يمكننا أن نلخّص برنامج الله في كلمة واحدة: محكوم عليه بالموت، ولا يمكن أن يفعل شيئاً لهذا الإنسان العتيق إلا أن يقتله، فطبيعتنا المتمردة قد حكم عليها بالموت عندما مات المسيح على الصليب لهذا يجب ألا يكون لها أي قوة للسيطرة علينا والتحكم فينا.

يجــب أن نعـرف أن طبيعتنا القـديمة قد ماتت عندما صُلب المسيح

هذه حقيقة تاريخية ولكنها لن تكون نافعة إلا إذا عرفناها وتصرفنا بناء على هذا الأساس، فالمطلب الأول هو أن نعرفها، وقد وَجَدْتُّ أنه أن التعليم بخصوص هذا الأمر ليس أمراً معتاداً، و حيث

أن المؤمنين لا يمكن أن يطبقوا ما لا يعرفوه، لهذا فإنّ المطلب الأول هو المعرفة الحقيقة بما حدث للطبيعة القديمة عندما مات المسيح على الصليب، وهو أنها قد ماتت على نحو قاطع.

يغفر الله خطايانا السابقة عندما نأتي له في المسيح، ولكن هذه مجرد بداية، فهو يتعامل مع الطبيعة المتمّردة، ويأتي بطبيعة جديدة محلها وهي التي يطلق عليها الإنسان الجديد، فعلياً هي طبيعة يسوع المسيح التي تُخْلق فينا بالإيمان الذى تغرسه كلمة الله، فالروح القدس هو الوكيل الذي يعطي الولادة الجديدة والروح القدس هو الذي يخدم طبيعة المسيح فينا.

قال بولس في رومية

«**فَمَاذَا نَقُولُ؟ أَنَبْقَى فِي الْخَطِيَّةِ لِكَيْ تَكْثُرَ النِّعْمَةُ؟ حَاشَا! نَحْنُ الَّذِينَ مُتْنَا عَنِ الْخَطِيَّةِ، كَيْفَ نَعِيشُ بَعْدُ فِيهَا؟**» (رومية ٦: ١ - ٢).

افترض بولس أن أي شخص يحيا بنعمة الله ميت عن الخطية ولهذا يقول: «لو أنك مستمر في حياة الخطية، فأنت تناقض نفسك، فلو أنك ميت عن الخطية فيجب ألا تتحدث عن الحياة في الخطية».

بعدما مات المسيح على الصليب لم يُقِم نفسه من الأموات، ولكنه وثق بالآب لكي يقيمه في الساعة المحددة بالروح القدس، ولو لم يقمه الآب لظَّل ميتّاً، **وهكذا علينا أن نثق بالله أنه يقيمنا**

من موتنا الممثّل فى خطايانا، ولا يمكننا أن نفعل هذا بأنفسنا، فنحن معتمدون تماماً على الروح القدس في هذا الأمر كما اعتمد عليه يسوع في قيامته الملموسة لجسده، في الحقيقة، هذه هي الشهادة العلنية التي نعطيها عندما نعتمد بالماء: «فأنا دفنت، والله هو الذي يقيمني، وعندما أخرج من تلك المقبرة المائية سأسير وأقول: «أنا اعتمد على الروح القدس كما اعتمد يسوع على الروح القدس ليقيمه في جدة الحياة».

«**فَدُفِنَّا مَعَهُ بِالْمَعْمُودِيَّةِ لِلْمَوْتِ، حَتَّى كَمَا أُقِيمَ الْمَسِيحُ مِنَ الأَمْوَاتِ، بِمَجْدِ الآبِ، هكَذَا نَسْلُكُ نَحْنُ أَيْضًا فِي جِدَّةِ الْحَيَاةِ. لأَنَّهُ إِنْ كُنَّا قَدْ صِرْنَا مُتَّحِدِينَ مَعَهُ بِشِبْهِ مَوْتِهِ، نَصِيرُ أَيْضًا بِقِيَامَتِهِ.**» (رومية ٦: ٤ – ٥).

فالروح القدس فقط هو الذي يمكّننا من أن يكون لنا رد فعل مناسب تجاه الإنجيل، وبدون الروح القدس لا يمكننا أن نفعل هذا، ولكن عندما نقبله، ونحيا به، عندها تصبح معايير الكتاب المقدس التي يبدو أن الوصول إليها وتحقيقها أمر صعب، تصبح فجأة واقعاً فورياً بالنسبة لنا.

كتب بولس: «**وَأَمَّا أَنْتُمْ فَلَسْتُمْ فِي الْجَسَدِ بَلْ فِي الرُّوحِ، إِنْ كَانَ رُوحُ اللهِ سَاكِنًا فِيكُمْ**» (رومية٨: ٩)، سأخبرك بما أعتقد أن هذه الآية تخبرنا به، الكلمة اليونانية المترجمة «إن كان» كان تضع

شرطاً، وهي نفس الكلمة المستخدمة في (**رومية ٨: ١٧**) «**إِنْ كُنَّا نَتَأَلَّمُ مَعَهُ لِكَيْ نَتَمَجَّدَ أَيْضًا مَعَهُ**». سأقدّم لك ترجمتي الشخصية للآية ٩ فهكذا فهمتها: «ولكنكم لستم في الجسد، بل في الروح وهذا إن كان روح الله يسكن فيكم». كثيرون لديهم روح الله يسكن في بعض مناطق حياتهم ولكنه لا يسكن في مناطق أخرى، وبالتالي: «فإن كان الروح القدس يسكن فيك، فلست في الجسد بل في الروح».

عندما تحيا في الروح تري أن معايير الكتاب المقدس التي لا يمكن تحقيقها قد أصبحت واقعاً

مرة أخرى أقول: إن كثيرين ممن اعتمدوا بالروح القدس لم يصبحوا تحت سيطرة الروح القدس بالكامل، فهناك بعض الظروف وبعض الأوقات (عادة في الكنيسة) يكونون فيها تحت سيطرة الروح القدس، وهناك ظروف أخرى وأوقات أخرى لا يكونون فيها تحت سيطرة الروح القدس، وتنطبق تلك الحقيقة على كثيرين منا، ولا أؤمن بلاهوت غير واقعي يبدو جيداً ولكنه غير فعّال،

فقد اكتشفت أن العهد الجديد يعمل عندما نفهمه ونطبقه، هذا إن قبلت الروح القدس، فطالما كنت خاضعاً للروح القدس وسامحاً له بأن يسكن في كل مجالات حياتك، فأنت لست في الجسد بل في الروح.

بالرجوع مرة أخرى إلى رومية ٦، يقول بولس:

«عَالِمِينَ هذَا: أَنَّ إِنْسَانَنَا الْعَتِيقَ قَدْ صُلِبَ مَعَهُ لِيُبْطَلَ جَسَدُ الْخَطِيَّةِ، كَيْ لاَ نَعُودَ نُسْتَعْبَدُ أَيْضًا لِلْخَطِيَّةِ.» (رومية ٦: ٦).

«إن إنسانتا العتيق قد صُلب معه». يعبر عن هذا الإعلان باستخدام زمن الماضي البسيط وليس التام. ويدل هذا علي أنه حدث تاريخي قد حدث في لحظة ما في الماضي. فعندما مات المسيح علي الصليب، مات إنساننا العتيق معه. وقد حدث ذلك منذ عشرين قرناً. فلماذا حدث ذلك؟ «ليبطل جسد الخطية». ويمكننا صياغة ذلك بطريقة أفضل «يصير غير فعال» أو «لم يعد قادراً أن يسيطر علينا ويسودنا» وذلك «كي لا نعود نُستعبد أيضاً للخطية» (رو ٦ : ٦)

ربما ٩٥ بالمائة من المؤمنين لا يعرفون أن طبيعتهم القديمة قد صُلبت، ولكن عندما تعرف هذا فيمكنك أن تحصل علي ما يقدمه الله لك، لأن خطيتنا قد تم التعامل معها في المسيح على الصليب، ويمكننا الآن أن **«يَتِمَّ حُكْمُ النَّامُوسِ فِينَا، نَحْنُ السَّالِكِينَ لَيْسَ حَسَبَ**

الْجَسَدِ بَلْ حَسَبَ الرُّوحِ». (رومية ٨: ٤) ويشجعنا بولس على: «كَذلِكَ أَنْتُمْ أَيْضًا احْسِبُوا أَنْفُسَكُمْ أَمْوَاتًا عَنِ الْخَطِيَّةِ، وَلكِنْ أَحْيَاءً لِلّهِ بِالْمَسِيحِ يَسُوعَ رَبِّنَا.» (رومية ٦: ١١).

وهو يقول: «مثلما مات المسيح على الصليب، ودفن وقام ثانية من الأموات، ولن يموت ثانية ولكنه يحيا إلى الأبد في الله، فكر في نفسك على أنك مت أنت أيضاً بالفعل عن الخطية وأنه عليك أن تأتي حياً لله»، من المستحيل أن تتمتّع بملء الحياة بالروح القدس الذى وصفه بولس في الإصحاح الثامن من رسالة رومية حتى تعرف الحق المذكور في الإصحاح السادس من رومية، فلا يمكن أن تحيا طبيعة آدم القديمة المتمردة وفقاً للروح القدس، يؤكد بولس في بداية الإصحاح الثامن من رومية بوضوح على ما يلي:

«فَإِنَّ الَّذِينَ هُمْ حَسَبَ الْجَسَدِ فَبِمَا لِلْجَسَدِ يَهْتَمُّونَ، وَلكِنَّ الَّذِينَ حَسَبَ الرُّوحِ فَبِمَا لِلرُّوحِ. لأَنَّ اهْتِمَامَ الْجَسَدِ هُوَ مَوْتٌ، وَلكِنَّ اهْتِمَامَ الرُّوحِ هُوَ حَيَاةٌ وَسَلاَمٌ. لأَنَّ اهْتِمَامَ الْجَسَدِ هُوَ عَدَاوَةٌ لِلّهِ، إِذْ لَيْسَ هُوَ خَاضِعًا لِنَامُوسِ اللهِ، لأَنَّهُ أَيْضًا لاَ يَسْتَطِيعُ. فَالَّذِينَ هُمْ فِي الْجَسَدِ لاَ يَسْتَطِيعُونَ أَنْ يُرْضُوا اللهَ.» (رومية ٨: ٥ – ٨).

مستحيل للطبيعة القديمة أن ترضي الله، وبالتالي فيجب أولاً أن يتم التعامل معها قبل أن نتمكّن من أن نحيا ونرضي الله، والحل

الذي قدمه الله لطبيعة آدم القديمة هو الصليب وموت يسوع، ويجب أن نفهم هذا جيداً.

ارفض قبول سيطرة الخطية عليك

بالرجوع إلى (رومية ٦) نأتي إلى النتائج التى سنجنيها إن حسبنا أنفسنا أمواتاً عن الخطية.

«إِذًا لاَ تَمْلِكَنَّ الْخَطِيَّةُ فِي جَسَدِكُمُ الْمَائِتِ لِكَيْ تُطِيعُوهَا فِي شَهَوَاتِهِ، وَلاَ تُقَدِّمُوا أَعْضَاءَكُمْ آلاَتِ إِثْمٍ لِلْخَطِيَّةِ، بَلْ قَدِّمُوا ذَوَاتِكُمْ لِلّٰهِ كَأَحْيَاءٍ مِنَ الأَمْوَاتِ وَأَعْضَاءَكُمْ آلاَتِ بِرٍّ لِلّٰهِ.» (رومية ٦: ١٢ – ١٣).

ارفض الخضوع لسيطرة الخطية عليك وعلى أعضاء جسدك فيما بعد، ولكن سلّم نفسك، أي سلم إراداتك وأعضاءك لله الروح القدس فهذا سيحقق لك الوعد:

«فَإِنَّ الْخَطِيَّةَ لَنْ تَسُودَكُمْ، لأَنَّكُمْ لَسْتُمْ تَحْتَ النَّامُوسِ بَلْ تَحْتَ النِّعْمَةِ.» (رومية ٦: ١٤).

هل تؤمن بهذا؟ إن كنت لا تصدق هذا فلن تختبره، وإن كنت تعتقد أنك ستستمر في الخطية فستستمر فيها بالتأكيد، لأنه بالإيمان: «**الخطية لن تسودكم**»، يجب أن تؤمن بهذا، وإن كنت لا تؤمن به، فلن يحدث، لاحظ كيف أن النصف الثاني من الآية يتماشى تماماً مع النصف الأول:

«.... **لأَنَّكُمْ لَسْتُمْ تَحْتَ النَّامُوسِ بَلْ تَحْتَ النِّعْمَةِ.**» (آية ١٤).

إن كنت ستسلك بالروح القدس، فلا يمكنك أن تسلك بالجسد، وإن كنت تسلك بالجسد فلن يمكنك أن تنقاد بالروح القدس، فهناك تنافر كامل بينهما، فكل شخص يجب أن يصل إلى مرحلة يتخذ فيها قراراً شخصياً صارماً: أين أقف؟ هل أنا في الجسد أم في الروح؟.

الخضوع للروح ولقيادته هو الطريق للهروب من الاستمرار في عبودية الخطية، دعني أوضح لك الأمر بهذه الطريقة: «ما جدوى أن تُغْفَر لك خطاياك السابقة لو أنك لا تزال تحت سيطرة تلك الطبيعة المتمردة؟ فكل ما تفعله هو أن تخرج وتمارس تلك الأعمال الخاطئة نفسها مرة أخرى، ولكننا لم نعد نحيا في تلك الطبيعة الجسدية القديمة، فلدينا طبيعة جديدة أعطانا الروح القدس إياها:

«**فَإِذًا أَيُّهَا الإِخْوَةُ نَحْنُ مَدْيُونُونَ لَيْسَ لِلْجَسَدِ لِنَعِيشَ حَسَبَ الْجَسَدِ. لأَنَّهُ إِنْ عِشْتُمْ حَسَبَ الْجَسَدِ فَسَتَمُوتُونَ.**» (رومية ٨: ١٢- ١٣).

مشكلتنا هي أننا نقرأ الرسائل كما لو أنها مكتوبة لغير المؤمنين، وعندما قال بولس: «**لاَ تَضِلُّوا! اَللهُ لاَ يُشْمَخُ عَلَيْهِ. فَإِنَّ الَّذِي يَزْرَعُهُ الإِنْسَانُ إِيَّاهُ يَحْصُدُ أَيْضًا**» (غلاطية ٦: ٧)، لم يكن يتحدث لغير المؤمنين بل للمؤمنين، وفي (غلاطية ٦ : ٨) كتب بولس «**لأَنَّ مَنْ يَزْرَعُ لِجَسَدِهِ فَمِنَ الْجَسَدِ يَحْصُدُ فَسَادًا**».

وفي (رومية ٨: ١٣) قال: «**لأَنَّهُ إِنْ عِشْتُمْ حَسَبَ الْجَسَدِ فَسَتَمُوتُونَ**»، فلو أنك طواعية وعن عَمدٍ رجعت إلى الطبيعة المتمردة القديمة فستموت.

« **وَلكِنْ إِنْ كُنْتُمْ بِالرُّوحِ تُمِيتُونَ أَعْمَالَ الْجَسَدِ فَسَتَحْيَوْنَ.**» **(رومية ٨: ١٣).**

الروح القدس سيساعدك لو أخضعت إرادتك له، ولكن إن لم تخضع إرادتك له فلن يفعل لك شيئاً.

إن الكلمة التي تعني «شخصية» فى اللغة اليونانية هي صيغة الجمع الخاصة بكلمة عادة، وهذا أمر توضيحي للغاية، فشخصيتك هي مجموع عاداتك، وعاداتك هي الناتج الإجمالى لقراراتك، ففي كل مرة تتخذ فيها قراراً سليماً، فأنت تقوي عادة جيدة وفي كل مرة تقوي فيها عادة جيدة فأنت تبني شخصية جيدة، وفي كل مرة تتخذ فيها قراراً خاطئاً فأنت تبني عادة خاطئة ومن تلك العادة الخاطئة تبني شخصية سيئة.

في كل مرة تتخذ قراراً سليماً
فإنك تقوي في داخلك عادة سليمة
وتبني شخصية سليمة

لهذا عليك أن تبني العادات بالقرارات، وفي كل مرة تتخذ قراراً بأن تفعل شيئاً خطأ تصبح أكثر فأكثر عبداً للخطية، وفي كل مرة تتخذ قراراً بأن تفعل الشئ السليم تصبح أكثر فأكثر عبداً للبر.

«أَلَسْتُمْ تَعْلَمُونَ أَنَّ الَّذِي تُقَدِّمُونَ ذَوَاتِكُمْ لَهُ عَبِيدًا لِلطَّاعَةِ، أَنْتُمْ عَبِيدٌ لِلَّذِي تُطِيعُونَهُ: إِمَّا لِلْخَطِيَّةِ لِلْمَوْتِ أَوْ لِلطَّاعَةِ لِلْبِرِّ؟» (رومية ٦: ١٦).

عندما ترتكب عملاً خاطئاً، فأنت بهذا تستسلم للخطية، وإن استسلمت للخطية، تصبح عبداً لها ولن يمكنك مقاومتها، ولكن إن خضعت للبر فستصبح عبداً للبر، وتفعل ما هو بر، أنت إما أن تكون منتمياً لمجموعة البر أو للمجموعة الأخرى.

يخبرنا «يشوع ٢٤ : ١٥» بالأمر ببساطة عندما يقول: **«فَاخْتَارُوا لأَنْفُسِكُمُ الْيَوْمَ مَنْ تَعْبُدُونَ»**، فليس اختيارك هو إن كنت ستعبد أم لا وإنما هو من الذي ستعبده، لأنك حتماً ستخدم شخصاً ما، ولديك اختياران إما أن تخدم الله أو الشيطان، أي أن تخدم البر أو الخطية

«لأَنَّ كُلَّ الَّذِينَ يَنْقَادُونَ بِرُوحِ اللهِ، فَأُولئِكَ هُمْ أَبْنَاءُ اللهِ.» (رومية ٨: ١٤).

لكي تصبح ابناً لله يجب أن تولد ثانية، ويجب أن تعتمد بالروح القدس لكي تحصل على قوة لكي تكون شاهداً فعالاً، ولكن يجب

أن تنقاد يومياً بالروح القدس لكي تحيا كابن لله.

يَعْلم البعض أنه يجب أن تكون متألقاً ومتفوقاً روحياً أولاً وفي يوم من الأيام ستظهر كابن لله، ولكن هذه الفكرة تتناقض مباشرة مع (رومية ٨: ١٤)، والتي تقول أن كلَّ من ينقادون بروح الله هم أولاد الله، وكما كتبت في فصل سابق، فأن الكلمة هنا ليست هي كلمة «أولاد» أي كلمة «children» باللغة الإنجليزية بل كلمة «أبناء» أي كلمة «sons»، وهذا يتضمن وجود النضج، يملك كثيرون هذا الاتجاه: «عندما أكون كاملاً سيأتي الروح القدس»، وكان هذا هو التعليم الخمسيني، ويشبه كما لو أن هناك مجموعة من الشباب يذهبون إلى الجامعة، ويأتي الأساتذة ويقولون لهم: «عندما تتخرجون سنبدأ في تدريسكم»، حسناً عندما تتخرجون لن تحتاجوا إلى أساتذة، ولكنك بحاجة إلى الأساتذة حتى تتخرج، وهكذا أيضاً متى تحتاج الروح القدس؟ الآن لكي تصبح ناضجاً، فالروح القدس لا يأتي لك لأنك كامل ولكنه يأتي لك لأنك تحتاجه.

«أَتَكَلَّمُ إِنْسَانِيًّا مِنْ أَجْلِ ضَعْفِ جَسَدِكُمْ. لأَنَّهُ كَمَا قَدَّمْتُمْ أَعْضَاءَكُمْ عَبِيدًا لِلنَّجَاسَةِ وَالإِثْمِ لِلإِثْمِ، هكَذَا الآنَ قَدِّمُوا أَعْضَاءَكُمْ عَبِيدًا لِلْبِرِّ لِلْقَدَاسَةِ. لأَنَّكُمْ لَمَّا كُنْتُمْ عَبِيدَ الْخَطِيَّةِ، كُنْتُمْ أَحْرَارًا مِنَ الْبِرِّ. فَأَيُّ ثَمَرٍ كَانَ لَكُمْ حِينَئِذٍ مِنَ الأُمُورِ الَّتِي تَسْتَحُونَ بِهَا الآنَ؟ لأَنَّ نِهَايَةَ تِلْكَ الأُمُورِ هِيَ الْمَوْتُ. وَأَمَّا الآنَ إِذْ أُعْتِقْتُمْ مِنَ الْخَطِيَّةِ،

وَصِرْتُمْ عَبِيدًا لِلهِ، فَلَكُمْ ثَمَرُكُمْ لِلْقَدَاسَةِ، وَالنِّهَايَةُ حَيَاةٌ أَبَدِيَّةٌ». (رومية ٦ : ١٩ – ٢٢)

تعلمنا (رومية ٦) أن الطريق لكي تصبح عبداً للبر هو ممارسة ما يلي:

- اعلم أن طبيعتك القديمة قد صلبت في المسيح، انظر (رومية ٦ : ٦) فلو أنك لا تعرف هذا، فلا يمكنك أن تتمتع بحياة الروح، والعدو الأعظم هو الجهل، فلو أنك لا تعرف تعاليم الكتاب المقدس، و لا تعرف ما فعله المسيح لأجلك، ولا تعرف الأمور التي وفرها الله لك، فلا يمكنك ن تدخل إلى ملئها.
- احسب نفسك ميتاً عن الخطية انظر (رومية ٦: ١١)، يجب أن تؤمن بهذا، ولابد وأن تقول: «هذا ما يقوله الله، وسأعتبره حقيقياً بالنسبة لي»، ومعنى أن تحسب نفسك بالإيمان أن الله يقول هذا وأنت تؤمن به.
- اعترف بإيمانك أو صّرح به علانية انظر (رومية ٦ : ٣ – ٤)، فلا يمكنك أن تكون مؤمناً سريا بيسوع، فالمعمودية بالماء هي العلامة الخارجية والعمل المحدد للاعتراف بمكانتك في المسيح، متى تدفن؟ عندما تموت، ومتى لا تعود مدفوناً؟ عندما تقوم، أي عندما تصبح حياً ثانية.

• لا تستسلم للخطية انظر (رومية ٦ : ١٢ - ١٣)، من بين الأمور الأساسية للحياة الممتلئة بالروح القدس هو أن تتعلم كيف تقول لا وتعني ما تقوله، فالشيطان يعرف متى تعنيها ومتى لا تعنيها، ويخبرنا سفر الأمثال: **«يَا ابْنِي، إِنْ تَمَلَّقَكَ الْخُطَاةُ فَلاَ تَرْضَ.» (أمثال ١ : ١٠)**، بلغة بسيطة، فلتقول: «لا»، ويجب أن تكون قادراً على أن تقول «لا» لكثير من الأشخاص والأختيارات.

• اخضع لله انظر (رومية ٦ : ١٣)، عليك أن تخضع للروح القدس يومياً وبصفة منتظمة وتخضع لقيادته.

قَدَّمَ لنا يسوع أجمل دعوة على الإطلاق مصحوبة بتحدٍ هائل، فيما يتعلق بالخضوع للبر:

«تَعَالَوْا إِلَيَّ يَا جَمِيعَ الْمُتْعَبِينَ وَالثَّقِيلِي الأَحْمَالِ، وَأَنَا أُرِيحُكُمْ. اِحْمِلُوا نِيرِي عَلَيْكُمْ وَتَعَلَّمُوا مِنِّي، لأَنِّي وَدِيعٌ وَمُتَوَاضِعُ الْقَلْبِ، فَتَجِدُوا رَاحَةً لِنُفُوسِكُمْ. لأَنَّ نِيرِي هَيِّنٌ وَحِمْلِي خَفِيفٌ». (متى ١١ : ٢٨ - ٣٠).

يوضح لنا هذا الجزء عدة خطوات لنستسلم بها للرب ونتعلم طرقه، أولاً نضع أحمالنا الثقيلة ونستريح، يعتقد بعض الناس أن هذا هو كل شئ، ولكن هناك المزيد، فلابد أن نصبح تلاميذ بأن نحمل نير المسيح ونتعلم منه، ثم نتبع مثال يسوع بأن نكون لطفاء ومتضعين في قلوبنا، لأن الله يعلّمنا أن نكون لطفاء ومتضعين ولكنه

يقاوم الكبرياء، ثم عندئذ وعندئذ فقط سنجد الراحة الحقيقية، عندما نأخذ نير يسوع ونصبح لطفاء ومتضعين ويمكن أن نتعلّم : «لأن نيري هين وحملي خفيف» .

> ## الروح القدس لا يأتي إليـك لأنك كامل بل لأنك تحتـاجـه

الخلاص لا يعني التخلص من كل نير، ولكنه استبدال للأنيار، فعليك أن تطرح نير الشيطان وتحمل نير الرب، لا تحاول أن تحيا بلا نير، لأنك لا تستطيع أن تفعل ذلك، فلا يمكننا أن نقول : «لا أريد أن أخدم الشيطان ولكني لا أنوي أن أخدم الله»، لأنه سينتهي بنا الأمر وقد صرنا نخدم الشيطان ضِعْف ما كنا نخدمه من قبل.

ليس صراعاً بل وحدة

اعتقد أن هذا هو النموذج الكتابي البسيط للعبور من الموت إلى الحياة وللعبور من سلطان الطبيعة القديمة والناموس إلى جدة الحياة في المسيح وفي الروح، فيجب أن نخضع للروح القدس والبر.

إن طريق الله للبر والقداسة ليس صراعاً ولكنه خضوع، فيجب أن تصل إلى نهاية جهدك وتقول : «أيها الروح القدس، استلم أنت

القيادة، فلا يمكنني التعامل مع هذا الموقف، ولكنك أنت تستطيع ذلك»، وهذا لا يعني أنك تحتاج إلى قوة الإرادة، لكن ينبغي عليك أن تستخدم قوة إرادتك بطريقة مختلفة، فيجب أن تستخدمها لكي لا تحاول أن تفعل الأمر بنفسك.

> الطبيعة الجديدة لا تحتاج أن تصارع لكي تأتي بالبر، فكل ما يجب أن تفعله هو الاتحاد بالمسيح

أنا ذو شخصية مستقلة للغاية عادةً ما أصمم على رأيي، فميولي الطبيعية تدفعني للفكير في حل أي مشكلة أواجهها، وقد استغرق مني الأمر سنوات لكي أصل إلى المرحلة التي لم أعد أفعل فيها هذا، فالآن أقول: «يا رب ما هو حلك لهذه المشكلة؟»، وعادة ما يكون مختلفاً تماماً عن أي شيء يمكن أن أفكر فيه، فالحياة المسيحية ليست حياة صراع ولكنها حياة الاستسلام والخضوع للروح القدس الذي في داخلنا، عندها لا يعتمد الأمر على المجهود بل على الاتحاد.

تحدثنا عن المفهوم الخاص بالاتحاد والوحدة في الفصل السابق، والسؤال هو، ممن أنت متزوج؟ فلو أنك متزوج من الطبيعة الجسدية فستثمر أعمال الجسد، ويمكنك أن تختلف معي بقدر ما تريد،

ولكن هذا هو القانون البيولوچي، لا يهم كم تحارب الطبيعة القديمة، فهي ما زالت تثمر خطية، ولكن إن كنت متحداً بالروح القدس مع المسيح المُقام، فمن خلال هذا الاتحاد ستحمل ثمر الروح، فاتحاد الروح المتجددة مع المسيح القائم بالروح القدس يأتي بثمر البر، ولا تحتاج تلك الطبيعة المتجددة أن تصارع لكي تثمر براً، فكل ما عليها أن تفعله هو أن تتحد بالمسيح، لهذا فهذه هي حياة الخضوع لا الصراع، الاتحاد لا المجهود.

يساعدنا مثال الكرمة والأغصان في (يوحنا ١٥) على أن نفهم أفضل تلك الحياة، قال يسوع لتلاميذه: «**أَنَا الْكَرْمَةُ الْحَقِيقِيَّةُ وَأَبِي الْكَرَّامُ**». (**يوحنا ١٥: ١**).

الكرمة هي نبات يحمل ثماراً ويحتاج إلى تهذيب بعناية، فلو أنك أخفقت في تهذيب الكرمة بالطريقة المناسبة وفي الوقت المناسب من العام، فستتوقف عن الإثمار عنباً، ويسوع بالتالي يقول: «أنا الكرمة وأبي الكرام الذي يقوم بعملية التهذيب»، وهو يستكمل كلامه قائلاً: «**اُثْبُتُوا فِيَّ وَأَنَا فِيكُمْ. كَمَا أَنَّ الْغُصْنَ لاَ يَقْدِرُ أَنْ يَأْتِيَ بِثَمَرٍ مِنْ ذَاتِهِ إِنْ لَمْ يَثْبُتْ فِي الْكَرْمَةِ، كَذلِكَ أَنْتُمْ أَيْضًا إِنْ لَمْ تَثْبُتُوا فِيَّ. أَنَا الْكَرْمَةُ وَأَنْتُمُ الأَغْصَانُ. الَّذِي يَثْبُتُ فِيَّ وَأَنَا فِيهِ هذَا يَأْتِي بِثَمَرٍ كَثِيرٍ، لأَنَّكُمْ بِدُونِي لاَ تَقْدِرُونَ أَنْ تَفْعَلُوا شَيْئًا.**» (**يوحنا ١٥: ٤ – ٥**).

لا يقوم الغصن بجهد كبير لكي يحمل عنباً، وهو لا يتخذ قرارات ويقول: «سآتي بثمر» ولكنه يتحد بساق الكرمة، تتدفق العصارة من الساق إلى الأغصان حملة نفس نوعية الحياة، والحياة التي في الأغصان تأتي بالنوع المناسب من الثمار، قال يسوع «**أَنَا الْكَرْمَةُ وَأَنْتُمُ الأَغْصَانُ**»، فإن ظللت مرتبطاً وملتصقاً بي فستحمل الكثير من الثمار.

حذّرنا يسوع أيضاً من شئ هام للغاية، فقد قال أنه علينا أن نتوقع التهذيب، «**وَكُلُّ مَا يَأْتِي بِثَمَرٍ يُنَقِّيهِ لِيَأْتِيَ بِثَمَرٍ أَكْثَرَ.**» (**يوحنا ١٥ : ٢**)، يواجه بعض المؤمنين مشكلات لأنهم لا يحملون ثمراً كثيراً، فيصارعون مع المواقف التي تنتج عن قراراتهم أو أفعالهم السيئة، ولكن يوجد بعض المؤمنين الذين يواجهون مشكلات لأنهم يحملون ثماراً، وهذه المشكلات هي مشكلات تتعلق بالتنقية والتهذيب الروحي، فلو أنك رأيت من قَبْل كيف تُنَقى الكرمة، فستعلم أن عملية التنقية هذه قاسية، إذ تقطع الأغصان من أصلها وقد تظن أن تلك الكرمة لن تحمل ثماراً بعد ذلك أبداً، ولكن في العام التالي تجد أنها قد أثمرت أكثر من ذي قبل.

لاحظ تلك الصورة الجميلة التي تظهر عن الثلاثة أقانيم في هذا المقطع الكتابّي الخاص بالكرمة والأغصان، فالآب هو الكرّام، ويسوع هو الكرمة والروح القدس هو العصارة التي تجري في النبات

لتحمل الغذاء الذي يتدفق إلى الكرمة والأغصان، هذه الحياة التي مصدرها الروح هي التي تأتي بالثمار، وهي ليست ثماراً لأفضل مجهوداتنا، ولا ثماراً للتديُّن ولكنها ثمار الروح.

لا يوجد خطوة واحدة للحصول علي الحياة المنتصرة ولكنها عملية مستمرة من عدة خطوات

عندما ينقينا الآب، يجب ألا نضعُف أثناء تلك العملية، ويجب ألا نقول: «لماذا يحدث هذا لي؟»، فقد حاولت بكل إخلاص أن أخدم الرب، بالفعل أبذل قصارى جهدي، وقد فعلت كذا، وكذا...،». لقد حملنا ثماراً ونحن الآن سنتطهر، وأثناء مثل تلك الأوقات يجب أن نتنفس الصعداء و نمجد الله، فهذه علامة جيدة.

النقطة الأساسية التي أَوَدُّ التأكيد عليها هي أن حمل ثمار الروح لا يتأتّى بالمجهود، فلو بذلنا كل جهدنا فلن نحمل ثمار الروح، كما أَنّ بَذْلَ أي مجهود لن يأتي بحّبة عنب واحدة حتى لو حاولنا لألاف السنين، فالاتحاد بالكرمة فقط هو الذي سيجعلنا نحمل ثماراً، يريد كثيرون الحصول على حياةٍ نصرةٍ بالروح، ولكنهم لا يدركون أنه لا تّوجد أى خطوات يمكن بها الحصول على الحياة

المنتصرة ولكنها عملية متواصلة ومكوّنة من عدة خطوات، فلن نحقق الحياة المنتصرة المملوءة بالروح القدس إلا بالخطوات التي وضعها الله.

نخضع والله يكمل العمل

نصل الآن إلى حقيقةٍ تؤكّد أنه عندما نكون في تناغم مع إرادة الله، نحيا وفقاً لأهدافه فكل ما نختبره ينجح ويعمل للخير، فهو يكمل أغراضه وأهدافه فينا، وهناك ترنيمة جميلة تقول: «أبي هو الذي خطط كل هذا»، وهذه هي الحقيقة بالنسبة لهؤلاء الذين يسيرون في تناغم مع روح الله، ففي كل موقف وفي كل اختبار يحقق الله أهدافه الأبدية الصالحة فينا: «**وَنَحْنُ نَعْلَمُ أَنَّ كُلَّ الأَشْيَاءِ تَعْمَلُ مَعًا لِلْخَيْرِ لِلَّذِينَ يُحِبُّونَ اللهَ، الَّذِينَ هُمْ مَدْعُوُّونَ حَسَبَ قَصْدِهِ.**» (**رومية ٨: ٢٨**). لاحظ أن كل المؤهلات تتلخّص في ضرورة أن نكون في تناغم مع قصده.

وصف بولس مؤمني رومية بأنهم: «**أَحِبَّاءَ اللهِ، مَدْعُوِّينَ قِدِّيسِينَ**» (رومية ١ : ٧)، وكلمة قديس ببساطة تعني «مقدس»، فالقداسة ليست نوعاً من المؤهلات الإضافية التي لا يملكها إلا قليل من المؤمنين، ولكنها أمر متوقع من كل المؤمنين، فلم يتصور بولس وجود طبقة خاصة من المؤمنين الذين سيكونون في مستوى أعلى ليس متاحاً للأخرين، فقد أفترض بولس أن كل المؤمنين سيكونون قديسين.

عندما تقبل دعوة الإنجيل للإيمان بيسوع المسيح، يدعوك الله قديساً، فأنت شخص مخصص مستعد للخضوع للروح القدس والبر، ربما تنظر إلى نفسك وتقول: «حسناً لا أبدو قديساً فعلاً»، ولكن تذكر أن بولس قال أيضاً أن الله: «**يَدْعُو الأَشْيَاءَ غَيْرَ الْمَوْجُودَةِ كَأَنَّهَا مَوْجُودَةٌ**» (رومية ٤ : ١٧)، دعا الله إبراهيم أباً لأمم كثيرة قبلما يكون لديه ابن واحد، انظر (تكوين ١٧ : ٤ – ٥)، عندما يطلق الله عليك وصفاً ما فهذا لأنه سيجعل هذا الوصف ينطبق عليك، وعندما يدعوك الله قديس فأنت قديساً لأنه دعاك قديساً، وربما يستغرق الأمر بعض الوقت لكي يظهر هذا الأمر في حياتك ولكن هذا هو قراره بشأنك.

كل موقف يحقق قصد الله الصالح الأبدي فينا

عندما قبلنا يسوع المسيح، سكب حياته بالكامل فينا بالروح القدس فينا ،وهو يعطينا ما نحتاجه لكي نحيا حياة بالروح القدس ونكون قديسين ،على سبيل المثال تخبرنا (رومية ٥ : ٥) «**لأَنَّ مَحَبَّةَ اللهِ قَدِ انْسَكَبَتْ فِي قُلُوبِنَا بِالرُّوحِ الْقُدُسِ الْمُعْطَى لَنَا**». وتستخدم اليونانية فعلاً تاماً هنا، وهو يشير إلى عمل تام يجب ألا يتكرر،

ومن المهم أن نفهم: **«أن مَحَبَّةَ اللهِ قَدِ انْسَكَبَتْ فِي قُلُوبِنَا بِالرُّوحِ الْقُدُسِ الْمُعْطَى لَنَا»**. في الواقع، أنه بمجرد أن تعتمد بالروح القدس، فلن تصلي أبداً لأجل المحبة مرة أخرى، ولكن يجب أن تأخذ من النبع الذي لا ينضب الذي في داخلك، وهذا هو رد الفعل الكتابي السليم، فمحبة الله قد انسكبت في قلوبنا من خلال موهبة الروح القدس ولم يقل جزءاً من محبة الله بل محبة الله بالكامل، فكل المحبة الإلهية متاحة لنا، ولكن إن لم نأخذ منها فلن نختبرها.

ربما يمكن أن نطبق نفس الأمر على مكانة الروح القدس في حياة الصلاة الخاصة بنا، فقبل أن يتحدث بولس عن كل الأشياء التي تعمل لخيرنا قال:

«وَكَذلِكَ الرُّوحُ أَيْضًا يُعِينُ ضَعَفَاتِنَا، لأَنَّنَا لَسْنَا نَعْلَمُ مَا نُصَلِّي لأَجْلِهِ كَمَا يَنْبَغِي. وَلكِنَّ الرُّوحَ نَفْسَهُ يَشْفَعُ فِينَا بِأَنَّاتٍ لاَ يُنْطَقُ بِهَا. وَلكِنَّ الَّذِي يَفْحَصُ الْقُلُوبَ يَعْلَمُ مَا هُوَ اهْتِمَامُ الرُّوحِ، لأَنَّهُ بِحَسَبِ مَشِيئَةِ اللهِ يَشْفَعُ فِي الْقِدِّيسِينَ.» (رومية ٨: ٢٦ – ٢٧).

ذكرت سابقاً أن هذا الجزء يتعامل مع حقيقة أننا جميعاً لدينا ضعف، وهو أمر شائع بالنسبة للجنس البشري بأكمله، وهو لا يقصد به المرض العضوي، ولكن الضعف هو أننا لا نعرف كيف نصلي كما ينبغي، ولم أجد أبداً شخصاً يعارض هذه المقولة، فعندما أتحدث مع الناس يعترفون جميعاً أنهم لا يعرفون دائماً ما يصلون

لأجله، وحتى عندما يعرفون ما يصلوا لأجله، فأنهم لا يعرفون كيف يصلون.

ما هي إجابة الله على ضعفنا؟ الروح القدس، فهو يأتي ليعين ضعفاتنا بأن يتولى القيادة نيابة عنا، وعندما نخضع له في الصلاة يصلي من خلالنا، وعندما يصلي فهذه هي الصلاة السليمة، فهي الصلاة التي في قصد الله، وستأتي بالنتائج التي يريدها الله في حياة هؤلاء الذين نصلي لأجلهم.

نرى هذا بوضوح في اختبارنا لمعمودية الروح القدس، فعندما نتكلم بألسنة نعلم أن هذه ليست أذهاننا التي تصلي لأننا لا نفهم ما يُقال، ونعرف أن الروح القدس هو الذي يقدم لنا الصلاة، وكل ما نقدمه نحن هو الآلية وأعضاءنا الصوتية التي تمكْن الروح القدس من الصلاة.

كان لزوجتي الأولى حياة صلاة فريدة، فلم أقابل أي شخص آخر كان يصلي مثلها، في بعض الأحيان يسألها الناس: «ما هو سر الصلاة؟» فكانت تقول: «أنا أفتح فمي عن آخره وأدع الروح القدس يملأه، ويمكنك أن تفعل نفس الشيء، فقط ابدأ بالإيمان وعندها اسمح للروح القدس أن يتولى الأمر، فهكذا نصلي صلوات فعالة متناعمة مع فكر الله».

حسب الطبيعة لا يمكن أن تحصل على حياة صلاة مسيحية ، فعلى سبيل المثال تخبرنا (أفسس ٦ : ١٨) : «مصلين بِكُلِّ صَلاَةٍ وَطِلْبَةٍ كُلَّ وَقْتٍ فِي الرُّوحِ» ، وتخبرنا (١ تسالونيكي ٥ : ١٧) «صَلُّوا بِلاَ انْقِطَاعٍ» . . فلا يمكنك أن تفعل هذا بقوتك بإمكاناتك ، ولكن بالروح القدس يمكنك ذلك ! بولس أعطانا رؤية عن كيف يمكننا أن نفعل هذا عندما كتب : «لاَ تُطْفِئُوا الرُّوحَ» (١ تسالونيكي ٥ : ١٩) ، وهذه هي الإجابة ، فلو أنك لا تطفىء الروح بل تحيا بالروح فيمكنك أن تحضر اجتماع صلاة مستمر في داخلك أربعاً وعشرين ساعة في اليوم .

عندما يدعوك الله شيئاً ما فهذا لأنه سيجعل منك هذا الشئ

إنني أصف حياة الصلاة التي لا يمكن أن تكون في المستوى الطبيعي ولكنها إرادة الله لنا جميعاً ، وعندما نقبل معونة الروح القدس فإنه يجعل هذه الصلاة والحياة ممكنة لنا ، ولهذا لديّ تحفظات على تقديم مجموعة من القواعد للناس للصلاة ، ففي بعض الأحيان نكون مشغولين للغاية بالقواعد لدرجة أننا نترك الروح القدس خارجاً ، وعلينا أن نكون مقتنعين تماماً باعتمادنا على الروح القدس .

استخدمت في إحدى المرات كتاباً تعليمياً عن الصلاة ، وكان يتضمن دراسة عن الصلاة . تحتوى على ثلاثة وعشرين سؤالاً ولكن دون أي إشارة للروح القدس ، وهذا يشبه تماماً أن تكون في جامعة دون أستاذ ، فالأسلوب المسيحي المعتاد للصلاة هو أن تحاول أن تفعل الأمر بنفسك ، ولكن لا يمكننا ! فعلينا أن نسلّم الزمام للروح القدس ، ونخضع له لأنه فقط عندها يمكننا أن نصلي وفقاً لإرادة الله من خلاله .

دع الروح القدس يظهر حياته خلالك

في كل جانب من جوانب الحياة المسيحية لا نستطيع بقدرتنا الطبيعية أن نفعل ما يطلبه الله منا ، فميولنا الطبيعية هي أن نحيا بالجسد ، وأن نحاول القيام بالأمور بطريقتنا ، ولكن هذا الأسلوب يقودنا إلى الضعف والموت ، والحل الذي يقدمه لنا الله هو الروح القدس ، وهو يحثنا على أن نفعل المستحيل ثم يقول : «والآن دع الروح القدس يفعله» ، وعندما نخضع للروح القدس سيفعل المستحيل من خلالنا .

الفصل الثامن
تعلم سماع صوت الله

كما رأينا في المثال الخاص بالشاب في الفصل السابق، فإننا إن لم نسمح للروح القدس أن يقودنا فلن يمكننا سماع كلمات التعزية والتوجيه والحكمة التي يرغب أن يعطيها لنا، وإني لمقتنع أن أهم احتياج في حياتنا هو أن نقضي وقتاً مع الله، ويؤسفني أن أقول أن معظم المؤمنين لا يعطون الله الكثير من الوقت وهي حالة يجب أن يتوب عنها كثيرون.

تعلمت وزوجتي «روث» وهذا على نطاق صغير أن نأخذ يوماً كل أسبوع لننتظر لله، وليس لدينا فكرة عما يحدث، وليس لدينا أجندة ولا قائمة للصلاة، في بعض الأحيان نبدأ بقراءة الكتاب المقدس وفي بعض الأحيان لا نفعل هذا، ولكن في نهاية اليوم نجد أنفسنا نقول: «كيف وصلنا إلى هنا؟»، لم يكن لدينا خطة أو فكرة عن الاشتراك فيما وصلنا له في نهاية اليوم، فالروح القدس هو الذي قادنا إلى ذلك المكان.

عندما نتعلم أن ننتظر الله، يظهر لنا العوائق التي تقف في طريق علاقاتنا معه لهذا يمكننا أن نتحرر منها فنحبه ونخدمه بطريقة أفضل، كثيرون منكم ليسوا في المكان الذي يجب أن يكونوا فيه مع الله الآن، ولا أريد أن أتهمكم أو أدينكم بل أن أساعدكم.

الاعتراف بسيادة يسوع

في معظم جسد المسيح هناك شئ ما ليس في مكانه ويجب علينا تصحيح الأوضاع حتى يمكننا أن نقضي وقتاً في انتظار الله والسماع منه، ما هو هذا الشيء الذي ليس في مكانه؟ أننا لا نعترف بسيادة المسيح في حياتنا.

كتب بولس في أفسس:

«وَأَخْضَعَ كُلَّ شَيْءٍ تَحْتَ قَدَمَيْهِ، وَإِيَّاهُ جَعَلَ رَأْسًا فَوْقَ كُلِّ شَيْءٍ لِلْكَنِيسَةِ، الَّتِي هِيَ جَسَدُهُ، مِلْءُ الَّذِي يَمْلأُ الْكُلَّ فِي الْكُلِّ.» (أفسس ١ : ٢٢، ٢٣).

إن اختيار بولس للغة هنا يُعَدُّ موفقاً ورائعاً، فإنّ الله قد أخضع كل شئ تحت قدمي يسوع، فقد كانت كل الأشياء خاضعة له، ولكنه أعطى يسوع أيضاً للكنيسة، كَوْن يسوع هو الرأس فهذه أروع وأثمن بركة لجسد المسيح، ويسوع هو الرأس على كل الأشياء وليس فقط على بعض الأشياء وليس على معظم الأشياء ولكن على كل الأشياء.

هل يمكنك أن تعلن بكل أمانة في محضر الله أن يسوع هو الرأس على كل شئ في حياتك؟ وأنه لا يوجد ما هو خارج عن سيطرته؟ لا يوجد شئ خارج نطاق إرادته المسيطرة عليك؟

كتب بولس فيما بعد في أفسس

«بَلْ صَادِقِينَ فِي الْمَحَبَّةِ، نَنْمُو فِي كُلِّ شَيْءٍ إِلَى ذَاكَ الَّذِي هُوَ الرَّأْسُ: الْمَسِيحُ، الَّذِي مِنْهُ كُلُّ الْجَسَدِ مُرَكَّبًا مَعًا، وَمُقْتَرِنًا بِمُؤَازَرَةِ كُلِّ مَفْصِلٍ، حَسَبَ عَمَلٍ، عَلَى قِيَاسِ كُلِّ جُزْءٍ، يُحَصِّلُ نُمُوَّ الْجَسَدِ لِبُنْيَانِهِ فِي الْمَحَبَّةِ.» (أفسس ٤ : ١٥، ١٦).

لاحظ أن كل الجسد يعتمد على الرأس وأنه من خلال علاقة الجسد بالرأس فإن الجسد يأخذ في البنيان ويستطيع أن ينمو ويعمل بفعالية، ولو أن العلاقة مع الرأس ضعفت فستضعف حياة الجسد كلها بطريقة تلقائية.

قال بولس: «**لاَ يُخَسِّرْكُمْ أَحَدٌ الْجِعَالَةَ،** « **(كولوسي ٢ : ١٨)**. «لا يجعلكم أحد غير مؤهلين» هو التعبير الأفضل لما يقوله بولس هنا، لا تسمح لأي شخص أن يخدعك ويجعلك تخسر الميراث السليم الذي يريد الله أن يعطيه لك ويكون هذا النوع من الاشخاص، «**رَاغِبًا فِي التَّوَاضُعِ وَعِبَادَةِ الْمَلاَئِكَةِ، مُتَدَاخِلاً فِي مَا لَمْ يَنْظُرْهُ، مُنْتَفِخًا بَاطِلاً مِنْ قِبَلِ ذِهْنِهِ الْجَسَدِيِّ**» (آية ١٨)، يدَّعي مثل هذا

الشخص أنه متفوق روحياً ولكنه في الواقع جسدي للغاية ، فهو منتفخ بسبب ذهنه وتفكيره لهذا فهو «وَغَيْرَ مُتَمَسِّكِ بالرَّأْسِ الَّذي مِنْهُ كُلُّ الْجَسَدِ بِمَفَاصِلَ وَرُبُطِ، مُتَوَازِرًا وَمُقْتَرِنًا يَنْمُو نُمُوًّا مِنَ اللهِ». (آية ١٩) ، والترجمة الحديثة تقول : «فقد العلاقة بالرأس».

> ## كل مؤمن حقيقي يكون لدية علاقة إلهية ومباشرة مع يسوع المسيح

وبمجرد أن نفقد الاتصال بالرأس نواجه خطر الوقوع في الخطأ وفي بعض أشكال الخداع، أو الإنسياق وراء أحد أنواع التعليم الخادع الذى لا يتماشى مع حق الله، إذا فصمام الأمان للجسد كله ولكل مؤمن على حدة هو أن يكون على علاقة سليمة بالرأس وعلي كل مؤمن أن يكون لديه علاقة حميمة مع يسوع المسيح، ولا يسمح لأي شخص آخر بالتدخل.

القادة أناس رائعون ولكنهم لا يستطيعون أن يأخذوا مكانة يسوع، فليست وظيفة القائد أن يكون رأسك بل أن يساعدك على أن تنمي علاقتك بالشخص الذي هو رأسك، وليست وظيفته أن يعطيك إجابات وحلولاً لمشكلاتك، ولكن أن يظهر لك كيف تجد الحلول بنفسك من يسوع.

بعض الناس كسالى يريدون أن يحل لهم الأخرون كل مشكلاتهم، ولكن الأمر لن ينجح بهذه الطريقة، بالإضافة إلى ذلك فأن بعض القادة مستبدين إذ يبغون أن يسيطروا على الناس، وقد مررت بكل ذلك وأشكر الله أني استطعت أن أخرج منه، وليس لدي أية رغبة في الدخول في هذه الأمور مرة أخرى، فيجب أن يكون لك علاقتك الشخصية بيسوع، ويجب أن تكون قادراً على الاستماع له وهو يتحدث إليك، ويجب أن تكون قادراً على أن يوجهك، ويجب أن يكون هناك شيء ما في داخلك يخبرك متى يكون كذلك ومتى لا يكون مسروراً، ويجب أن تكون حساساً للرأس.

أربع وظائف للرأس

أود الآن أن أناقش أربع وظائف لرؤسنا الجسدية وكيفية ارتباطها بسيادة يسوع وكونه رأساً، ولست ضليعاً في إعطاء دروس في التشريح، ولهذا فإنها مجرد وجهات نظر عملية وبسيطة، وفيما نستعرض تلك الوظائف الأربع أود أن تفكر في علاقتك بيسوع وكذلك علاقة الكنيسة اليوم برأسها.

يبدو لي أن رؤوسنا لها أربع وظائف أساسية وهي:

• تحصل على مدخلات، فكل جزء من الجسد له الحق في التواصل

مع الرأس الذى يستقبل إشارات اتصال مستمرة من كل أجزاء الجسد .

• يتخذ القرارات ، فيقرر الرأس ما سيفعله الجسد .

• المبادرة باتخاذ الأفعال ، فالكلمة الأساسية هي المبادرة لأن من يأخذ المبادرة هو الرأس .

• تنسيق نشاط الأعضاء الذين ينفذون قرارات الرأس .

الروح القدس هو الوسيلة التي يتواصل بها يسوع كرأس مع الجسد ، ويوجّه بها الجسد ويتحكم فيه ويحافظ عليه ، ولهذا لسنا نتحدث فقط عن العلاقة مع يسوع ولكن أيضاً عن العلاقة مع الروح القدس ، دعونا نستعرض بعض الآيات الكتابية التي تتماشى مع هذا السياق .

«وَأَمَّا مَتَى جَاءَ ذَاكَ، رُوحُ الْحَقِّ، فَهُوَ يُرْشِدُكُمْ إِلَى جَمِيعِ الْحَقِّ» (يوحنا ١٦ : ١٣) ، تذكر أن يسوع قال هذا لتلاميذه عندما كان على وشك أن يتركهم وكأنه يقول لهم: لا أستطيع أن أخبركم بكل ما تحتاجون أن تعرفوه الآن ولكن لا بأس لأن روح الحق أي الروح القدس سيأتي وهو سيرشدكم إلى كل الحق» ، كان يسوع يقول أنه من ذلك الوقت فصاعداً علاقته معنا ستكون فعالة من خلال الروح القدس .

ثم مضى في كلامه يقول: «**لأَنَّهُ لاَ يَتَكَلَّمُ مِنْ نَفْسِهِ، بَلْ كُلُّ مَا يَسْمَعُ يَتَكَلَّمُ بِهِ، وَيُخْبِرُكُمْ بِأُمُورٍ آتِيَةٍ.**» **(يوحنا ١٦: ١٣)**، وأعتقد أن الكنيسة يجب أن يكون لديها توجيه خارق للطبيعة من الروح القدس، بخصوص أمور معينة تتعلق بالمستقبل يجب أن نعرفها.

الروح القدس الذى من خلاله يوجه يسوع جسده أي الكنيسة

بالنظر إلى وضع العالم فإن تحرّك الكنيسة نحو المستقبل دون قيادة الروح القدس معناه أنها تتجه نحو كارثة، وليس لدينا سوى لمحات من المشكلات والضغوط التي ستأتي على العالم كله، وليس على الولايات المتحدة فقط، وسنكون بحاجة للروح القدس ليحّذرنا مما سيحدث حتى لا نكون في المكان الخطأ في الوقت الخطأ، ومن الصلوات التي أُصَليها بانتظام هو أن أكون دائماً في المكان الصحيح في الوقت الصحيح، والروح القدس فقط هو الذي بإمكانه أن يجعل هذا ممكناً.

ثم قال يسوع: «**ذَاكَ يُمَجِّدُنِي**» **(يوحنا ١٦: ١٤)**، الأمر يستحق أن نلاحظه مرة أخرى في علاقته بالقدرة على سماع ما يقوله الله لنا، فتمجيد يسوع هو علامة مميزة للروح القدس، فكثير من

الأشياء التي تقال أنها عمل الروح القدس في الحركة الكارزماتية
تفتقر إلى علامة تمجيد يسوع، فكل شئ يُعَلِّي من شأن الشخصية
البشرية ليس من الروح القدس، ربما يكون روحياً ولكنه ليس من
الروح القدس، فمهما كان ما يفعله الروح، فإن هدفه الأسمى هو
أن يمجد يسوع دائماً، ولو أنّ يسوع ليس هو هدف المسرحية، فأن
السيناريو ليس من الروح القدس.

الخضوع لاختيار الله

على الرغم من أن كل الوظائف الخاصة بالرأس هامة، إلا أني
أَوَدُّ أن أركّز باختصار على الوظيفة الرابعة وهي تنسيق نشاط
كل الأعضاء أثناء تنفيذها لقرارات الرأس ومشابهة ذلك لعلاقتنا
بالمسيح، وهذا يتعامل مع مسألة المبادرة.

قال يسوع لتلاميذه في (يوحنا ١٥ : ١٦) «لَيْسَ أَنْتُمُ اخْتَرْتُمُونِي
بَلْ أَنَا اخْتَرْتُكُمْ»، وهذا الإعلان واضح للغاية ولا يوجد شك بشأنه،
فلا أعتقد أنّ يسوع كان يشير إلى اختيار الخلاص في هذه الآية ولكن
إلى اختيار الرسولية، فقد قال: «لقد اخترتكم أنتم الاثنى عشر».

ويكمل يسوع كلامه: «وَأَقَمْتُكُمْ لِتَذْهَبُوا وَتَأْتُوا بِثَمَرٍ، وَيَدُومَ
ثَمَرُكُمْ» (آية ١٦)، أدرك من هذا أنه لا يدوم من الثمر إلا الذى قام
على اختيار الله، فيمكن أن يكون لديك كل أنواع البرامج الدينية

والأنشطة والانتخابات في الكنيسة ولكن إن لم يبدأها الله فلن يكون هناك دوام لأى نوع من الثمر .

قال يسوع أيضاً : «لِكَيْ يُعْطِيَكُمُ الآبُ كُلَّ مَا طَلَبْتُمْ بِاسْمِي» (يوحنا ١٥ : ١٦) ، هل تدرك أن القدرة على الصلاة بفعالية للآب تنبع من إرادة الله ؟ يمكننا أن نصلي كل أنواع الصلوات ولكن إن لم تنبع من إرادة الله فليس لنا تأكيد أنه سيجيبها ، وانطباعي هو أن الله يتعامل مع الكنيسة في الولايات المتحدة لكي يرجعنا مرة أخرى لكي ندرك اعتمادنا الكامل عليه .

> أن نتجه إلي المستقبل دون قيادة الروح القدس معنـاه أننا نتجـه نحـو كارثة

لهذا يعبر عن المبادرة من خلال الاختيار وكما فهمت فإنّ الجوانب التى يتعامل معها الله حياتنا هي فقط التى اختارها ، ففي كل مرة نتخذ فيها مبادرات خارج يدي الله ، فأننا بهذا نبتعد عن سيادة يسوع وكونه رأساً ، ونكون فعلياً في غاية الوقاحة ، فليغفر لنا الله ، في الأساس أعتقد أن الكنيسة يجب أن تسقط على وجهها أمام الله وتقول : «يا رب كنا في غاية الغطرسة ، وها نحن نتوب ونطلب منك أن تغفر لنا» .

ونجد مثالاً جيداً عن الاتكال على اختيار الله في سفر الأعمال **«وَكَانَ فِي أَنْطَاكِيَةَ فِي الْكَنِيسَةِ هُنَاكَ أَنْبِيَاءُ وَمُعَلِّمُونَ: بَرْنَابَا، وَسِمْعَانُ الَّذِي يُدْعَى نِيجَرَ، وَلُوكِيُوسُ الْقَيْرَوَانِيُّ، وَمَنَايِنُ الَّذِي تَرَبَّى مَعَ هِيرُودُسَ رَئِيسِ الرُّبْعِ، وَشَاوُلُ. وَبَيْنَمَا هُمْ يَخْدِمُونَ الرَّبَّ وَيَصُومُونَ، قَالَ الرُّوحُ الْقُدُسُ: «أَفْرِزُوا لِي بَرْنَابَا وَشَاوُلَ لِلْعَمَلِ الَّذِي دَعَوْتُهُمَا إِلَيْهِ». (أعمال ١٣: ١ – ٢).**

تقول الترجمة الدولية الحديثة: «فيما هم يعبدون الرب ويصومون»، وأقرأ الأصل اليوناني كما يلي: «فيما هم يسلمون الخدمة الكهنوتية للرب»، ربما كانوا يعبدون أو ربما كانوا يفعلون شيئاً آخر، ولكن فيما هم ينتظرون الرب، وبدون أي أجندة خاصة بهم، قال الروح القدس بكل فعالية: «هذه هي أجندتي».

كم مرة تأتي الكنيسة لله بأجندتها ولا تسأله أبداً: «ما هي إرادتك؟»، **لا يمكنك أن تتخذ قراراتك وتكتبها في محضر اجتماع الكنيسة ثم تطلق اسم الله عليها لتُكسبها الشرعية اللازمة، لأن الله ليس مجرد وسيلة لإضفاء الشرعية على قراراتك، ولكنه الله القدير.**

ويستمر هذا الجزء من الكتاب المقدس ليقول: **«فَصَامُوا حِينَئِذٍ وَصَلُّوا وَوَضَعُوا عَلَيْهِمَا الأَيَادِيَ، ثُمَّ أَطْلَقُوهُمَا.» (أعمال ١٣: ٣)**. من

أين أتى القرار بإرسال بولس وبرنابا ؟ أتى من الله بالروح القدس .

قبل أن يُرسَلَ هذان الرجلان بالروح القدس، كانا نبيين ومعلمين، ماذا أصبحا بعدما أرسلا ؟ رسولين. لاحظ أن الكتاب المقدس يدعوهما رسولين مرتين :

«**فَانْشَقَّ جُمْهُورُ الْمَدِينَةِ، فَكَانَ بَعْضُهُمْ مَعَ الْيَهُودِ، وَبَعْضُهُمْ مَعَ الرَّسُولَيْنِ.**» (**أعمال ١٤ : ٤**)

«**فَلَمَّا سَمِعَ الرَّسُولاَنِ، بَرْنَابَا وَبُولُسُ...**» (**أعمال ١٤ : ١٤**).

الرسول هو من يُرْسَل لهذا فإن أي شخص لم يرسل لا يمكن أن يكون رسولاً، ومن المثير أنه على الرغم من أن تلك المبادرة اتخذها الله الآب بيسوع المسيح الابن ومن خلال الروح القدس ألا أنهما لم يدعيا رسولين قبل أن ترسلهما الكنيسة، فالله لا يتخطى الكنيسة في تعيين الخدمات .

وعندما أنهى بولس وبرنابا الخدمة التى قد كُلّفا بها، يقول الكتاب المقدس : «**وَمِنْ هُنَاكَ سَافَرَا فِي الْبَحْرِ إِلَى أَنْطَاكِيَةَ، حَيْثُ كَانَا قَدْ أُسْلِمَا إِلَى نِعْمَةِ اللهِ لِلْعَمَلِ الَّذِي أَكْمَلاَهُ.**» (**أعمال ١٤ : ٢٦**)، كم منا في الكنيسة اليوم يمكن أن يقول أننا أتممنا العمل المكلفين به؟ ولم نكمل جزءاً منه فقط بل أكملنا العمل كله ؟ وتفسيري لقيامهما بإتمام المهمة هو أن المبادرة تأتي من الله، فقد سمع قادة الكنيسة في

أنطاكية اختيار الله وتبعوه، لو كان هناك أي شيء آخر قد حدث لما أحدث نفس النتائج.

ليكن لنا فكر المسيح

أن نعي أن الكنيسة لها: «**فِكْرُ الْمَسِيحِ.**» (**١كورنثوس ٢: ١٦**)، يعد هذا جزءاً هاماً من تَعَلُّم سماع صوت الله، كتب بولس مقتبساً من (إشعياء ٤٠ :١٣-١٤) «**لأَنَّهُ مَنْ عَرَفَ فِكْرَ الرَّبِّ فَيُعَلِّمَهُ؟**» (**١كورنثوس ٢: ١٦**)، مَن منا بلغ من سمو المكانة ما يؤهله ليعلم الرب، أو يعطي الرب نصيحة؟، لكي يخبره كيف يقوم بعمل الأشياء، هذا سؤال بلاغي، والإجابة أنه لا أحد، ويستمر بولس في كلامه قائلاً: «**وَأَمَّا نَحْنُ فَلَنَا فِكْرُ الْمَسِيحِ**» (آية ١٦)، لاحظ أن الكتاب المقدس يقول نحن وليس «أنا» لنا فكر المسيح، ففكر المسيح لم يعط لشخص بمفرده ولكنه أُعْطِيَ للجسد من خلال الرأس، وحتى يتعلم أعضاء الجسد أن يفهموا فكر المسيح معاً فإن هذا الفكر غير مُعْلَنٍ على نطاق واسع.

هل يمكنك أن تقول عن كنيستك أو عن شركتك: «لنا فكر المسيح؟، هل يمكنك حتي أن تتأمل في هذا السؤال؟ هل خطر ببالك أنه يجب أن نكون قادرين على أن نقول هذا؟

انتظار الرب يغيرنا

كيف يمكننا أن نصبح أناساً لديهم فعلاً فكر المسيح؟ أعتقد أن هناك إجابة من كلمة واحدة بسيطة للغاية، ولكنها كلمة غير مشهورة وغير معروفة بين المؤمنين الأمريكيين وهي الكلمة التي لا نسمعها سوى نادراً: الانتظار، لا العمل بل الانتظار.

في (١ تسالونيكي) يكتب بولس للمؤمنين الأوائل، وقد تكون الرسالة إلى أهل تسالونيكي من أوائل الرسائل التي كتبها بولس للكنائس، وقد قال معلقاً على تأثير الإنجيل في تسالونيكي:

«لأَنَّهُمْ هُمْ يُخْبِرُونَ عَنَّا، أَيُّ دُخُول كَانَ لَنَا إِلَيْكُمْ، وَكَيْفَ رَجَعْتُمْ إِلَى اللهِ مِنَ الأَوْثَانِ، لِتَعْبُدُوا اللهَ الْحَيَّ الْحَقِيقِيَّ، وَتَنْتَظِرُوا ابْنَهُ مِنَ السَّمَاءِ» (١ تسالونيكي ١ : ٩ - ١٠).

لاحظ أنهم «رجعوا إلى الله» لكي يفعلوا أمرين:

(١) يعبدوا (يخدموا).

(٢) ينتظروا، هذا هو مجمل الحياة المسيحية، العبادة ليست كل شئ فيها، في الواقع فإن العبادة تُعَدّ غير كاملة إن لم يصاحبها الانتظار، فنحن نخدم وننتظر. في أكثر من خمسين آية يتحدث الكتاب المقدس عن أهمية انتظار الله أو الانتظار أمام الله،

و(إشعياء ٦٤ : ٤) تعد آية حية وواضحة للغاية: «**وَمُنْذُ الأَزَلِ لَمْ يَسْمَعُوا وَلَمْ يَصْغَوْا. لَمْ تَرَ عَيْنٌ إِلهًا غَيْرَكَ يَصْنَعُ لِمَنْ يَنْتَظِرُهُ.**»

إن إجمالي حياة الإيمان يمكن أن يلخص في أرجع إلي الله وأخدمه وأنتظره

في هذه الصورة الخاصة بالله الحقيقي ما هي الصفة المميزة؟ أنه يتصرف نيابة عن هؤلاء الذين ينتظرونه، فلو أنك تريده أن يتصرف نيابة عنك فعليك أن تنتظر، وإني مقتنع تماماً بأن الكنيسة لن تتقدم للأمام إلا عندما تتعلم أن تنتظر الله.

عَقدتُ سلسلة من الاجتماعات في مدينة صغيرة في انجلترا تدعى «هول»، وفي نهاية تلك الاجتماعات دعوتُ القادة لكي يصعدوا على المنبر، وصليت لهم، وبدا من الواضح أن الله يطلق شيئاً ما من خلال تلك الصلاة لأنه لمدة أربع سنوات من تلك الحادثة كانت هذه المجموعة من الناس التي تمثل ما يقرب من ١٥ كنيسة تتقابل معاً وتنتظر الرب، ثم دعوني مرة أخرى، وكانت السلسلة الثانية من الاجتماعات مختلفة عن أي اجتماعات أخرى خدمت فيها، وليس هذا بسبب أني تغيرت، ولكنّ شيئاً ما قد اختلف في الجو العام هناك.

وعظت بعدة رسائل مباشرة للغاية موضحاً أن تلك الخطايا التي نعترف بها فقط هي التي تُغفر، فإن لم نعترف بخطايانا فإنها لن تغفر، والله مستعد تماماً وهو ينتظر أن يغفر، ولكنه وضع شرطاً: «**إِنِ اعْتَرَفْنَا بِخَطَايَانَا فَهُوَ أَمِينٌ وَعَادِلٌ، حَتَّى يَغْفِرَ لَنَا خَطَايَانَا وَيُطَهِّرَنَا مِنْ كُلِّ إِثْمٍ.**» (**١يوحنا ١: ٩**).

تجاوب عشرة أزواج مع الرسالة بالتقدم للأمام، وبعيداً عن العواطف قلت للمجموعة كلها: «والآن إن كنتم بحاجة إلى الاعتراف بخطاياكم فيمكنكم الاعتراف بها لله، ولكن الكتاب المقدس يقول: «**اعْتَرِفُوا بَعْضُكُمْ لِبَعْضٍ بِالزَّلاَتِ، وَصَلُّوا بَعْضُكُمْ لأَجْلِ بَعْضٍ، لِكَيْ تُشْفَوْا.**» (**يعقوب ٥: ١٦**)، وأنتم أحرار فيمكنكم أن تتقدموا للأمام وتفعلوا هذا»، فأتوا للأمام لمدة ساعتين واحدٌ تِلْو الآخر للاعتراف بخطاياهم، وكان بعضهم قادة معروفين للغاية في تلك المنطقة.

رأيت أن هذه الاستجابة ما هي إلا ثمر من ينتظرون الله، وقد سمعت الكثير من النبوات عن النهضة وقد أكون أنا نفسي أعطيتهم نبوات عن النهضة، ولكن لن نحصل على نهضة إلا إذا استوفينا الشروط، فيمكنك أن تتنبأ بقدر ما تريد، ولكن العائق الحقيقي للنهضة هو الخطية التي لم يعترف بها، وحتى يتم التعامل مع هذا الأمر فيمكنك أن تعلن عن الاجتماعات وتعظ وترنم ولكن النتائج ستكون محبطة.

ربما تقول: «لا أعتقد أنه لدي أية خطايا للاعتراف بها»، حسنا، هذاً رائع! ولكن ما مدى قربك من الله؟ بعدما تقضي وقتاً قصيراً في الانتظار في محضر الله ربما يكون لك وجهة نظر أخرى، وأنا أشاركك باختباري الشخصي، فلم أكن أبداً شخصاً يمكن أن يتراجع للوراء، فقد خدمت الرب لأكثر من خمسين سنة، وبنعمة الله ساعدت أعداداً لا حصر لها من الناس، ولكن عندما كنت و «روث» نقضي وقتاً بمفردنا مع الله، وبدون أي خطة مسبقة أو أجندة معدة، كان الأمر يستغرق من الله ستة شهور حتى ينقّي حطام حياتي، وقد أظهر لي الله أموراً فعلتها منذ ثلاثين سنة من قبل، وقال: «لم تعترف بها»، وقد اعترفت و «روث» لبعضنا البعض حتى نساعد أنفسنا أن نتضع، ولن يكون عليك أن تفعل هذا دائماً ولكن الكتاب المقدس يقول أن نعترف بعضنا لبعض بالزلات والخطايا.

قرأت في نشرات جون وسلي أنه في مكان ما في يوركشير بانجلترا كان هناك تجمّعات قوية من أتباع حركة الإصلاح قد نمت في تلك المنطقة بسبب التزام هؤلاء الناس بالاجتماع معاً أسبوعياً للاعتراف بأخطائهم لبعضهم البعض، وهذه ليست خطة حديثة للبدء في كنيسة، أليس كذلك؟ ولكن على كل حال أثرت حركة الإصلاح على كل بريطانيا ومعظم الولايات المتحدة لمدة ما يقرب من قرن، لهذا ربما يكون هناك شئ يمكن أن يقال عن هذا الاتجاه.

دعني أشير إلى أن كثيرين يريدون الحصول على الشفاء الجسدي ومع ذلك فإن ذلك ليس الأولوية الأولى لدي الله، بعض الناس في تلك الاجتماعات في يوركشير حصلوا على الشفاء في الحال عندما نسوا كل شئ عن الشفاء وصمموا أن يصلحوا علاقتهم مع الله، يقول داود: «**خطاياي تراكمت وأصبحت عبئاً عليّ**» انظر (مزمور ٣٢: ١ – ٦، ٥١: ١ – ٤). يرغب كثيرون منكم في الحصول على الشفاء ولكن لن تُشْفَى إلا إذا تعاملت مع مشكلة الخطية التي في حياتك.

ما زال الله يمتلك حاسة سمع جيدة واعترافنا بخطايانا وتركها ينقي طريقنا إلي الله

يخبرنا (إشعياء ٥٩: ١) «**هَا إِنَّ يَدَ الرَّبِّ لَمْ تَقْصُرْ عَنْ أَنْ تُخَلِّصَ، وَلَمْ تَثْقَلْ أُذُنُهُ عَنْ أَنْ تَسْمَعَ.**» اعتدنا على الإشارة إلى تلك الكلمات لليهود لدرجة أننا نسينا في بعض الأحيان أنها تنطبق على الأمم أيضاً، فما زال الله يمتلك حاسة سمع جيدة، وذراعه قوية للغاية، ومع ذلك تخبرنا آية ٢: «**بَلْ آثَامُكُمْ صَارَتْ فَاصِلَةً بَيْنَكُمْ وَبَيْنَ إِلهِكُمْ، وَخَطَايَاكُمْ سَتَرَتْ وَجْهَهُ عَنْكُمْ حَتَّى لاَ يَسْمَعَ.**»

لا يظهر الله جزئيا، ومن الرائع أن تعرف أنه لنا كل الحق في الدخول إلى الله بسبب دم يسوع لأن دمه يطهرنا، ولكن الدم لا يطهر من لا يعترفون: «**وَلكِنْ إِنْ سَلَكْنَا فِي النُّورِ كَمَا هُوَ فِي النُّورِ، فَلَنَا شَرِكَةٌ بَعْضِنَا مَعَ بَعْضٍ، وَدَمُ يَسُوعَ الْمَسِيحِ ابْنِهِ يُطَهِّرُنَا مِنْ كُلِّ خَطِيَّةٍ.**» (**١يوحنا ١ : ٧**). هناك ثلاث كلمات في زمن المضارع المستمر في تلك الآية، فإننا إن داومنا على السلوك في النور فسيكون لنا شركة مستمرة مع بعضنا البعض ودمه سيطهرنا باستمرار، ولكن هذا له شروط، فالكلمة الأولى في هذه الآية هي «إن» «إن سلكنا في النور».

فلو أننا في الظلمة ونريد أن نتطهر، فعلينا أن نأتي للنور

فلو لم نكن في شركة، فإننا لسنا في النور، ولو كنا خارج الشركة فإن الدم لن يطهرنا، فالدم لا يطهّر في الظلمة، ولكنه يطهّر في النور فقط ولو أننا في الظلمة ونريد أن نتطهر فلابد وأن نأتي للنور، ورأيي الشخصي هو أن الله لن يظهر ذاته بقوة فى الكنيسة الأمريكية إلا إذا قضى القادة في الكنيسة وقتاً في انتظار الله، وأقول تحديداً القادة.

أود أن أنهي هذا الفصل بقصة سمعتها من أحد أصدقائي وهو خادم معروف يدعى جونز فاكيوس من الجمعية الدولية للمتشفعين، وقد كتب في نشرة عن شئ ما حدث في أستراليا، والأستراليون شعب قاس للغاية، وأعتقد أنكم تتفقون معي في هذا، وسيكون حدوث نهضة وقفزة روحية في أستراليا حدثاً ملحوظاً للغاية، وأعتقد أنه في الطريق، وآمل أن تشجعكم تلك القصة، يقول صديق:

«منذ يومين كنت عائداً من أقصى الأرض من أستراليا ومن تجمع فريد جداً للقادة الروحيين، فبعد هذا الاختبار لن أكون كما كنت من قبل أبداً وهو رجل ذي خدمة وخبرة ناضجة»

شعر نويل بيل «من مجموعة متشفعين لأستراليا» وتوم هولز «قائد شباب له رسالة» في أستراليا (أعرف كليهما) بالحاجة إلى دعوة الرعاة والشيوخ وقادة الخدمات من كل أنحاء أستراليا ليجتمعوا معاً ليطلبوا وجه الرب، وقد أطلق على هذا المؤتمر: «القادة الناظرين إلى يسوع»، وكان الإطار الزمني للمؤتمر ثلاثة أسابيع، وكانت هذه في حد ذاتها خطوة جريئة، فكيف يمكن لأي شخص أن يتخيل أنه من الممكن بالنسبة للقادة الروحيين المشغولين للغاية أن يكرّسوا ثلاثة أسابيع كاملة؟ وعندما أدركت أن هناك

أكثر من مائة شخص استجابوا لهذه الدعوة ورأيت أن معظمهم التزم بالمدة كلها، اقتنعت أنها لابد أن تكون واحدة من عجائب الدنيا السبع، فلو كان أي شخص قد اقترح عليّ أن أفعل شيئاً مثل هذا في أوروبا أو الولايات المتحدة لكنت ضحكت على هذه الفكرة، فلو استطعنا أن نجمع القادة معاً هنا ليوم واحد فلابد وأن نكون شاكرين للغاية، ومن الواضح إن الله لابد وأن يكون لديه شئ خاص في ذهنه فيما يتعلق بأستراليا، ولن أندهش لو خرجت نهضة روحية قوية من أستراليا ولمَسَتْ جسد المسيح على مستوى العالم.

من الممكن أن يكون الانعزال الذي يشعر به أصدقاؤنا الأستراليون في أقصى الأرض إلى جانب إدراك قساوة وعناد قلب الأستراليين هما العاملان الأساسيان اللذان جعلا أصدقاؤنا اللذان يلقون بأنفسهم أمام الرب، على أية حال، لا يهم إلى أي مدى أرجع بذاكرتي الحية فلم أكن جزءاً من أي شيء مثل هذا من قبل خلال سنوات خدمتي، لهذا دعني أشير لك ببعض الأشياء غير العادية التي حدثت.

الجلوس عند أقدامه

بهذه الطريقة اتّضح الهدف من التجمع، ألا وهو أن نجلس عند قدميه مثل مريم لا مثل مرثا لنحاول أن نرضيه ونخدمه من خلال

مبادرتنا، ولكي ندخل إلى راحته التي هي راحة من كل أعمالنا كما استراح الله من كل عمله في اليوم السابع بعدما خلق السماء والأرض في ستة أيام، وقد ثبت أن هذا صعب للغاية بالنسبة لنا جميعاً، فعندما نحاول أن نجلس صامتين في محضره يبدو أنه بعد مضي خمس دقائق لا يستطيع المرء أن ينتظر أكثر من هذا ولكن عليه أن يكسر حاجز الصمت بنبوة أو ترنيمة أو قراءة من الكتاب المقدس، وقد كان واضحاً أنه من الصعب علينا جميعاً أن ننتظر الله ونسمح للروح القدس أن يأخذ المبادرة ولكن شكراً لله كان أمامنا الكثير من الوقت، فما زال أمامنا ثلاثة أسابيع كاملة، وببطء تعلمنا أن ننتظر حتى يبدأ الروح في الهبوب برياحه اللطيفة بيننا، كم كان من الصعب بالنسبة لنا أن نستمتع فقط بحضور الله دون أن نمارس أي نوع من أنواع الأنشطة.

نرى مجده

أصبحت (كورنثوس الثانية ٣ : ١٨) حية جداً بالنسبة لنا : «وَنَحْنُ جَمِيعًا نَاظِرِينَ مَجْدَ الرَّبِّ بِوَجْهٍ مَكْشُوفٍ، كَمَا فِي مِرْآةٍ، نَتَغَيَّرُ إِلَى تِلْكَ الصُّورَةِ عَيْنِهَا، مِنْ مَجْدٍ إِلَى مَجْدٍ، كَمَا مِنَ الرَّبِّ الرُّوحِ»، فعندما نأتي تحت سلطان وقيادة الروح القدس فإن هذا يشبه تماماً أن نأتي لنرى يسوع وجهاً لوجه (هذا بالضبط ما أردت أن أنقله

لك في هذا الفصل) ففي ضوء مجده وكماله يمكننا أن نقيس أنفسنا ونقائصنا ونصير مكشوفين أمام قوة روحه القدوس المغيرة التي تغيرنا إلى صورة الابن الحبيب ، كم يختلف هذا الأسلوب عن محاولاتنا أن ننظر إلى أنفسنا ونيأس بسبب الأمور الكثيرة التي تنقص شخصيتنا لنكون مثل المسيح ، فقد دعانا الله معاً ليس كما توقعنا أن يحملنا بمزيد من المعرفة والمعلومات ولكن ليغيرنا لنكون شبه ابنه الحبيب .

الطريقة الرأسية

بالنسبة لي فقد حدث تغيير جذري في تفكيري ، فبما أني كنت شخصاً نشطاً في حركة الصلاة لأكثر من عشرين عاماً ، فقد نميت في داخلي طريقة لتمييز المشكلات والأماكن التي قد تساعدني على الحصول على المعلومات المتاحة واستخدام ذهني في عملية التحليل . وبالنظر إلى يسوع والانتظار حتى أصبح وجهاً لوجه معه ، اكتشفت أن أي تمييز حقيقي لأي موقف لا يأتي إلا عندما ننظر من خلال وجهه ، فلو أننا نريد صوراً حقيقية عن أنفسنا فيجب أن نرى أنفسنا بنفس الطريقة التي يرانا بها ، وإن أردنا أن نعرف أين تقف الكنيسة وما هو القائم الوضع في أمتنا ، فيمكننا أن ننظر إلى المستوى الأفقي ونقيسه من خلال المظاهر الخارجية ولكن سينتهي بنا الأمر بالوصول إلى صورة خاطئة وغير حقيقية ، أما عندما نرى

وجه الرب ونأتي لنفهم حلمه لكنيسته وعالمه فهنا فقط يمكننا أن نستخدم صلواتنا أو خدماتنا بطريقة فعالة .

الوقوع فى حب يسوع

عندما يعطي الناس أنفسهم لطلب الرب على مدار ثلاثة أسابيع ، فسيتوقع المرء أن الأمر سينتهي وقد انجذبوا إلى علاقة حميمة معه ، وهذا ما حدث فعلاً ، فالاكتشاف العام في هذا الوقت كان إدراكاً عميقاً لمدى ابتعادنا عن محبتنا الأولى وعن ابتعادنا عن وضع المسيح كمركز لحياتنا وهو الأمر الذي اعتدنا أن نفعله عندما نحيا حتى كخدام له ، وبالتالي فإن الدعوة كانت أن ندخل إلى غرفة العريس وأن نقع في محبة عريسنا السماوي ، وأن نرجع إلى محبتنا الأولى ونجعل يسوع مركزاً ومحوراً لكل ما نفعل ، وهذا ما حدث ، فعندما واصل الكشف عن محبته العظيمة والقوية نحونا خضعنا أكثر وأكثر له وإزداد الشعور بالفرح والسعادة وقوة ووضوحاً ، وفي النهاية قضينا جلسات بكاملها نتمتع بمحبته ، وفقدنا أي طموح فى أن نكون فعالين ولم نرغب إلا فى أن نكون معه أكثر وأكثر ، وأصبح سفر نشيد الأنشاد بكل صوره الغنية الكثيرة عن نمو علاقة المحبة بين العريس والعروس بمثابة المرشد لنا طول الطريق ، وأعلم أني استخدم كلمات كبيرة عندما أقول أنه لا شئ في حياتي حتى الآن يمكن أن يقارن بهذه الأسابيع ، ولكني مقتنع أنه لا يهم مدى ضخامة هذه

المقولة، ولكنها الحقيقة، وفيما أكتب هذه النشرة لدي رغبة قوية في قلبي لكي يسمح لي بالاستمرار في هذا الاتجاه ناظراً إلى يسوع، وهذا أيضاً ما أرغبه لكل شعب الله، حتى ينعموا بالفرح العظيم عندما يكونون جزءاً من هذا التجمع العظيم في القريب العاجل.

لقد أدرجت تلك القصة لأني أريد أن انتقل من عالم النظرية إلى عالم الاختبارات العملية، وهذا مثال عما يحدث عندما يقضي الناس وقتاً لانتظار الله.

لو أنك تشعر أن هناك حاجزاً بينك وبين الله، وأنّ هناك أموراً تقف بين الرب وبينك في حياتك وأنك لا تسمع من الله بالطريقة التي تريدها، فقد حان الوقت لكي تأتي له وتنتظره، ويمكنك أن تعترف بتلك الأشياء وتتحرر منها وتنقّي علاقتك معه.

سأنهي هذا الفصل بالتأكيد مرة أخرى على هذه الحقيقة، إن الطريقة التي تحيا بها كابن حقيقي لله هي أن تنقاد باستمرار بالروح القدس، وهذا بالضبط ما قاله يسوع: «**خِرَافِي تَسْمَعُ صَوْتِي، وَأَنَا أَعْرِفُهَا فَتَتْبَعُنِي**» (**يوحنا ١٠: ٢٧**)، حياة الروح تعني التبعيّة للرب بانتظام، فهي ليست حياة فيها ارتفاع وانخفاض وتذبذب ولكنها علاقة مستمرة ومنتظمة مع أبينا السماوي من خلال ابنه يسوع المسيح بالروح القدس.

www.ingramcontent.com/pod-product-compliance
Lightning Source LLC
Chambersburg PA
CBHW060254050426
42448CB00009B/1639
* 9 7 8 9 7 7 6 1 9 4 2 3 6 *